シリーズ「遺跡を学ぶ」040

中世瀬戸内の港町

草戸千軒町遺跡〈改訂版〉

鈴木康之

新泉社

中世瀬戸内の港町
―草戸千軒町遺跡〈改訂版〉―

鈴木康之

【目次】

第1章　伝説の町の発見

1　幻の町・草戸千軒

幻の町

瀬戸内海沿岸のほぼ中央に位置する広島県福山市《ふくやま》（図1）では、かつて市街地を流れる芦田《あーだ》川がたびたび氾濫し、被害をこうむっていた。とくに一九一九年（大正八）七月には、福山市街の中心部で堤防が決壊し、市街地の大部分が七日間にわたって浸水するという甚大な被害をもたらしていた。

こうした事態を解消するため、それまでおもに耕作地として利用されていた市街地の西側に川の流れをつけ替える治水工事が進められた。そして、工事中の一九三〇年（昭和五）、河川予定地から大量の古銭・陶磁器・石塔などが出土した（図2）。それまで幻の町とされていた草戸千軒《くさどせんげん》が姿をあらわしたのである。

図１ ● 福山平野を流れる芦田川（北西から）

昔、草戸千軒という町があった……

江戸時代の面影は薄れつつあるものの、福山市内には福山城跡をはじめとして、城下町の歴史をしのばせる史跡が散在している。

しかし、城下町建設より前の中世の歴史については記録がほとんど残っていない。そうしたなか、福山地域の歴史を解明するうえでの数少ない手がかりを提供しているのが、江戸時代後期を中心にまとめられたいくつかの地誌である。

「その昔、蘆田《あしだ》郡・安那《やすな》郡（現在の福山市神《かん》辺《なべ》町から府中市にかけての芦田川中流域）あたりまでが海であった頃、本庄《ほんじょう》村（現在の福山市北本庄・本庄・南本庄町一帯）の青木《あおき》が端《はな》から五本松のあたり一帯に、草戸千軒という町があった」

一八世紀中頃、宮原直御《みやはらなおゆき》によって編纂された『備陽六郡志《びようろくぐんし》』（図3）にこのように記さ

図2 ● 河川改修工事によって出土した石塔
現在は明王院に安置され、福山市の重要文化財となっている。

れている。これが草戸千軒という町の存在を記したもっとも早い段階の地誌の一つである。『備陽六郡志』にはつづけて、草戸千軒の場所に江戸から町人をよび寄せて新田を開発させたが、一六七三年（寛文一三）の大規模な増水の際に堤防を切って、新田の側に水を逃がしたところ、たちまち水が流れ込み千軒の町家も流れてしまった。それ以降、このあたり一帯には民家を建てることがなくなったとしている。

この記述を根拠に、福山の城下町建設以前に草戸千軒という町が存在し、それが一六七三年の洪水によって消滅したと考えられてきた。洪水に流された中世の町というイメージは、幻の町・草戸千軒を強烈に印象づけるものとして広く浸透している。しかし、ここに示した草戸千軒に関する記述には、いくつか不自然な点がある。

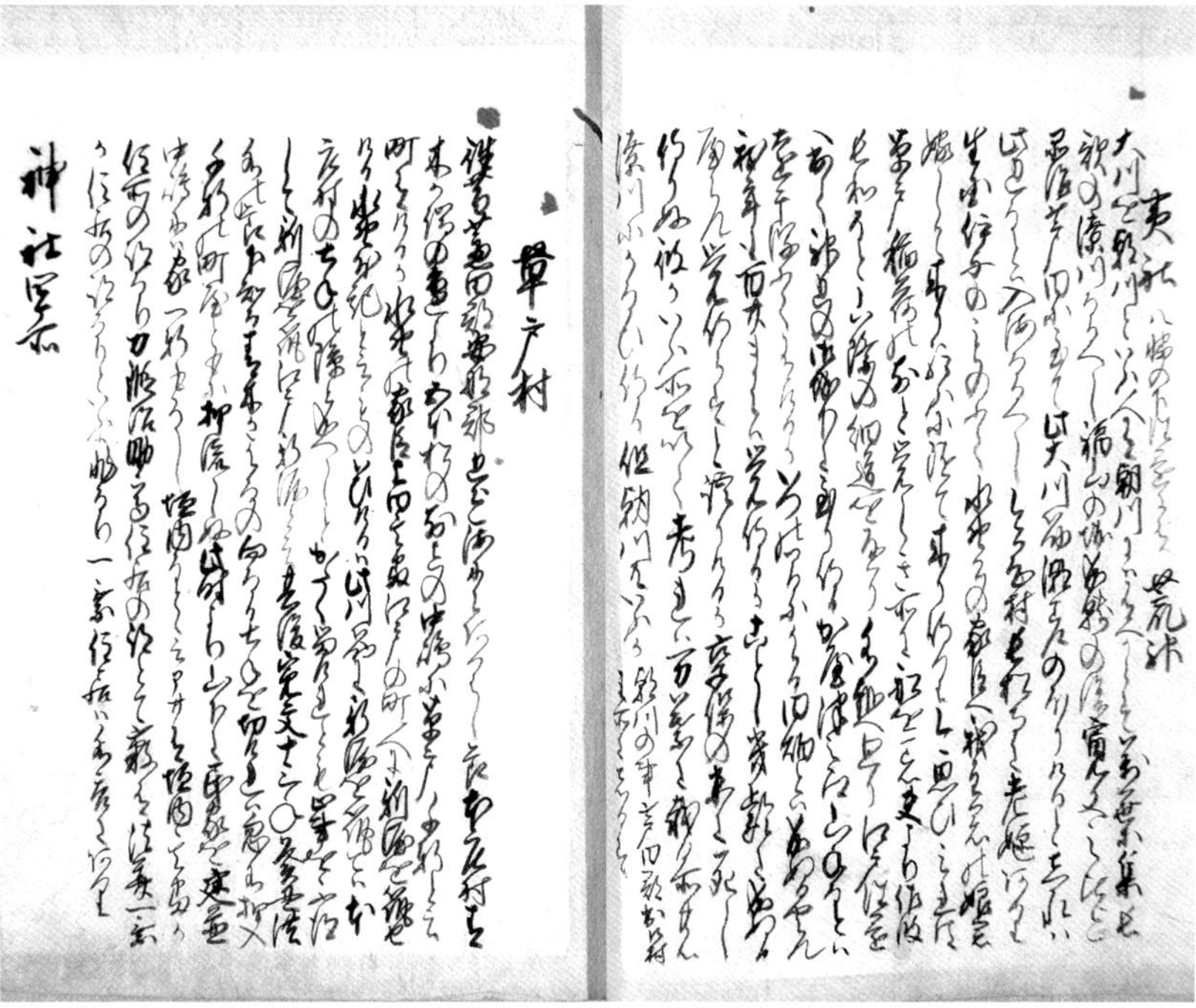

図３●『備陽六郡志』（財団法人義倉蔵）
草戸村の項に、草戸千軒についての伝説が記されている。

すでに消滅していた伝説の町

まず、草戸千軒の存在した時期である。『備陽六郡志』は、蘆田郡・安那郡までが海であった頃と記すが、完新世（約一万年前以降）において、芦田川中流域にまで海岸線が入り込んでいたことを示す地理学的な証拠は見つかっていない。また、この地域には縄文時代の遺跡も存在することから、少なくとも縄文時代には芦田川の堆積作用によって平野が形成されていたことは確実である。そもそも、そこまで高い海水準を想定すれば、芦田川河口の三角州も水没することになり、そこに町が立地することは不可能である。

『備陽六郡志』よりも早くに成立したとされる『水野記《みずのき》』にも草戸千軒の記載があることから、草戸村にかつて繁栄した町があったことが、江戸時代中頃までに地元で語り伝えられていたことは確かである。しかし、具体的な記録は当時すでに失われており、存在時期についても漠然と昔のことと伝えられ、明確な時期はわからなくなっていたのだろう。

その一方で、福山城下町が成立してからの出来事である新田開発から洪水にかけての記述は具体的である。一連の出来事は『備陽六郡志』が編纂される一〇〇年ほど前のことであり、福山藩領内にもいくつかの記録が残されていた。そのため、記述も具体的になったものと思われる。ここには一六七三年の洪水までに草戸村に新田が開発された経緯が記されているのであるが、江戸時代の城下町のあり方からして、城下の外に位置する新田に町が存在することは、まず考えられない。

宮原直倁は、草戸村の地誌をまとめる際に、記録に記された新田開発から洪水に至る経緯と、そこにかつて町があったという伝説とを重ね合わせて記述してしまったようである。つまり、江戸時代前期の出来事と、それ以前の町の存在とを十分に区別せずに記述してしまったため、一六七三年の洪水で町が消滅したかのような記述ができあがったのである。

郷土史の先駆者・濱本鶴賓

伝説の町となっていた草戸千軒の実像を解明するための研究が本格的にスタートしたのは、大正から昭和初期のことであった。

福山市史編纂主任として福山地域の郷土史の先駆的な研究を進めていた濱本鶴賓《はまもとかくひん》は、早くからすぐれた分析力によって近世地誌の矛盾点を指摘していた。たとえば、一九二三年（大正一二）に刊行された『沼隈郡史《ぬまくまぐんし》』では、一六七三年までに草戸新田が開発されているからには、そこに千軒の町屋が存在するはずがなく、もしそのような町があったならば城下に移されたはずであるといった指摘をしている。

一九二六年（大正一五）に始まる芦田川の改修工事をきっかけに、濱本は草戸千軒の研究をさらに進めた。『太平記《たいへいき》』『西大寺諸国末寺帳《さいだいじしょこくまつじちょう》』『西国寺文書《さいこくじもんじょ》』などに草戸千軒の古地名と考えられる記載があることを明らかにするとともに、これらの資料の年代や、出土した古銭の年代、石塔の様式、遺跡に隣接する常福寺《じょうふくじ》（現、明王院《みょうおういん》）五重塔の建立年代などを検討した。そして、それらがいずれも文明年間（一四六九〜一四八七年）以前であることを指摘し、町が消滅したとすれば文明年間をそれほどくだらない時期、具体的には明応から永正年間（一五世紀末〜一六世紀初頭）のことであると結論づけ、一六七三年の洪水による滅亡説をしりぞけている。

濱本が草戸千軒の消滅年代とした一五世紀末から一六世紀初頭という時期は、わたしたちが発掘調査によって導き出した年代とまったく同じであり、その洞察の鋭さには驚かされる。

また、改修工事の前後に出土した多くの遺物の研究も並行して進められた。その代表的なものが、光藤珠夫《みつふじたまお》による陶磁器の研究で、出土陶磁器に国産品のほか、中国・朝鮮の製品が含まれていることや、それらの年代が鎌倉時代に中心があることを論じている。

2　川底の遺跡

明らかになる幻の町

しかし、中世の遺跡を発掘調査によって解明するという考古学的な研究方法が確立していなかったこの時代には、遺跡そのものの発掘調査や保存への動きは見られなかった。遺跡は新たにつけ替えられた芦田川の河川敷に埋もれることになり、川の流れによって遺構や遺物はしだいに崩壊・流出してゆくことになったのである。

戦後になると、歴史研究の方法としての考古学が市民権を得ると同時に、文化財保護の体制も整ってくる。そうしたなか、遺跡の発掘調査に情熱を燃やす人物が現れた。それが、村上正名《むらかみまさな》である。

村上は芦田川から出土する遺物の採集・研究を戦前からつづけ、川底には草戸千軒の町がねむっていることを確信した。そして濱本がつきとめた幻の町・草戸千軒を発掘調査によって解明し、遺跡の保存をはかることを福山市当局に熱心に働きかけ、ついに一九六一年、芦田川の中州ではじめての発掘調査を実施し、つづく六二年には第二次調査を実施した（図４・５）。

濱本鶴賓の指摘からおよそ三〇年ののち、芦田川の川底に中世の町の跡が埋もれていることが考古学的に確認されたのである。同時に、この遺跡の広がりを明らかにし、保存対策を講じることが必要となった。そこで、一九六五年には文化財保護委員会（現在の文化庁）の補助金による発掘調査を実施することになった。

広島大学教授の松崎寿和《まつざきひさかず》を団長に、広島県・福山市教育委員会共催で実施されたこの調査では、遺構が河川敷内を中心に残り、堤防の外側では残存の可能性が低いことが明らかにされるとともに、石敷道路の三叉路《さんさろ》や、柵で囲まれた区画、鍛冶《かじ》関係の遺構・遺物などが確認された。これによって、幻の町の具体的な姿の解明への期待がいよいよ高まることになったのである。

図４ ● 1962 年に実施された第２次調査

遺跡の破壊

発掘調査によって遺跡の重要性が認識されるようになると同時に、遺跡の保存を左右する重大な問題が浮かび上がってきた。

一九六七年六月に芦田川が一級河川に昇格したため、それにふさわしい河川整備を進める一環として、中州を掘削する計画が建設省（現在の国土交通省）から発表されたのである。大正末期から昭和初期にかけての河川改修工事によってつけ替えられた河川敷には、上流からの土砂の堆積などによって大小の中州が形成されていた。これらの中州が川の流れを妨げ、再び福山市街地に被害をおよぼすおそれがでてきたのである。

中州の掘削は、言うまでもなく遺跡の破壊を意味している。しかし、福山市民の生命と財産を守ることが最優先の課題であること、また中州は河川敷にあるため恒久的な保存対策を講じることはきわめて困難であるといった理由から、最終的に

図5 ● 芦田川のなかの草戸千軒町遺跡（南東から）

は遺跡の緊急調査を実施することで問題の解決がはかられることになった。

さらに、一九七一年には新たな問題に直面することになった。建設省はこの年、芦田川に河口堰《かこうぜき》を建設する計画を発表したのである。これは、福山市の工業都市化にともなう工業用水の確保に大きな目的があった。河口堰が完成すると、河口湖内にある遺跡包蔵中州近辺の水位は標高二メートルとなり、遺跡が水没、あるいは水没しなくても発掘調査が不可能になることが予想された。水位の上昇により遺跡の流出・崩壊が急速に進み、年間二、三カ月の調査では対応が手遅れになる可能性も考えられるようになったのである。

3　中州を掘りあげる

調査体制の整備

さし迫る状況に、大規模で継続的な調査に対応できる調査体制が組織されることになった。そして一九七三年、広島県教育委員会は福山市花園町の旧保健所の庁舎を利用して、「草戸千軒町遺跡調査所」を設置し、大規模遺跡の組織的な調査の経験をもつ松下正司《まつしたまさし》を文化庁から所長として招いた。こうして、草戸千軒町遺跡の本格的な発掘調査と研究のための事業がスタートすることになったのである（図６）。

発掘調査を予定する中州の面積は、六万七〇〇〇平方メートルにおよぶが、この広い中州を一度に掘り広げたのでは綿密な調査はできない。そこで、年度ごとに四〇〇〇平方メートルの調査区を設定し、およそ一五年で完了するという計画が立てられた。

まず、河川の流れによって崩壊が危惧される上流側の北東部分の調査を先行させ、順次南側へと調査区を移していったが、川の中州にある遺跡の発掘調査であるため、予想以上の困難に見舞われた。

水との闘い

しかも河口堰の完成によって水位が上がったため、河川によって堆積した表土の粗砂を除去して遺構面に到達すると、そこはすでに水面下になっていた。調査区の周囲から浸みだしてくる水と、下からの湧き水によって、調査区はいつも水びたしの状態であった。さらに遺跡の中心部に近づくにつれ遺構の密度が高まり、新旧の遺構が重複して存在するために、その精査には非常に苦労することとなった。とくに、梅雨や台風時の増水によって中州全体が冠水することをたびたび経験し、その復旧には多くの時間と手間を要した（図7）。

図6 ● 広島県草戸千軒町遺跡調査研究所
福山市花園町の旧保健所の庁舎を利用して設置された草戸千軒町遺跡調査所は、1975年に草戸千軒町遺跡研究所、1976年に広島県草戸千軒町遺跡調査研究所となり、本格的な調査と研究が継続された。

こうした事情から、当初の計画どおりにはなかなか調査は進まなかったが、それでも多くの方々の協力により、一九九一年には予定した範囲の調査をほぼ終了することができ、事業は二代目の所長・岩本正二《いわもとしょうじ》へと引き継がれた。

最後の調査

残された事業は、未調査部分の補足調査と発掘調査報告書の作成・刊行である。所定の調査区の発掘は終了していたが、中州の周囲を防水堤として残しながら調査したため、この部分にドーナツ状の未調査地ができていた。そこで、とくに遺構の密度が高い中州西側部分を一九九四年まで補足調査した。これと並行して発掘調査報告書の作成を進め、一九九六年には全五冊からなる報告書の刊行が終了した。こうして、草戸千軒町遺跡調査研究所は与えられた事業をすべて完了することになったのである。

本書では、幻の町・草戸千軒の伝説のベールが、発掘調査によってどのように解き明かされたのか、そしてどのような成果がもたらされたのかをたどってみることにしよう。

図７ ● **冠水した中州**（1989 年 8 月）
梅雨から台風シーズンにかけては、たびたび冠水に悩まされた。

第2章　中世の町を掘る

1　集落成立以前

平安時代の状況

草戸千軒の町が存在した中世の頃には、芦田川の本流はおおむね西から東へと流れ、河口には狭い小さな三角州が存在するだけであった（図8）。また、その流れも安定したものではなく、たびたび流路を変えながら、三角州のなかをいく筋かに分かれて流れていたようだ。

一方、川筋からやや離れた三角州の北東側および南西側の丘陵裾には、三角州形成の早い段階に堆積が進み、比較的安定した平地が広がっていたことが想定できる。現在の市街地の標高を調べても、そのあたりにはわずかに標高の高い部分が広がっている。

遺跡のある場所が利用されるようになるのは、平安時代前期の九世紀末から一〇世紀初頭頃のことである。発掘調査では、中世の遺構面の下に、黒色土器《こくしょくどき》・須恵器《すえき》・緑釉陶器《りょくゆうとうき》などが出土

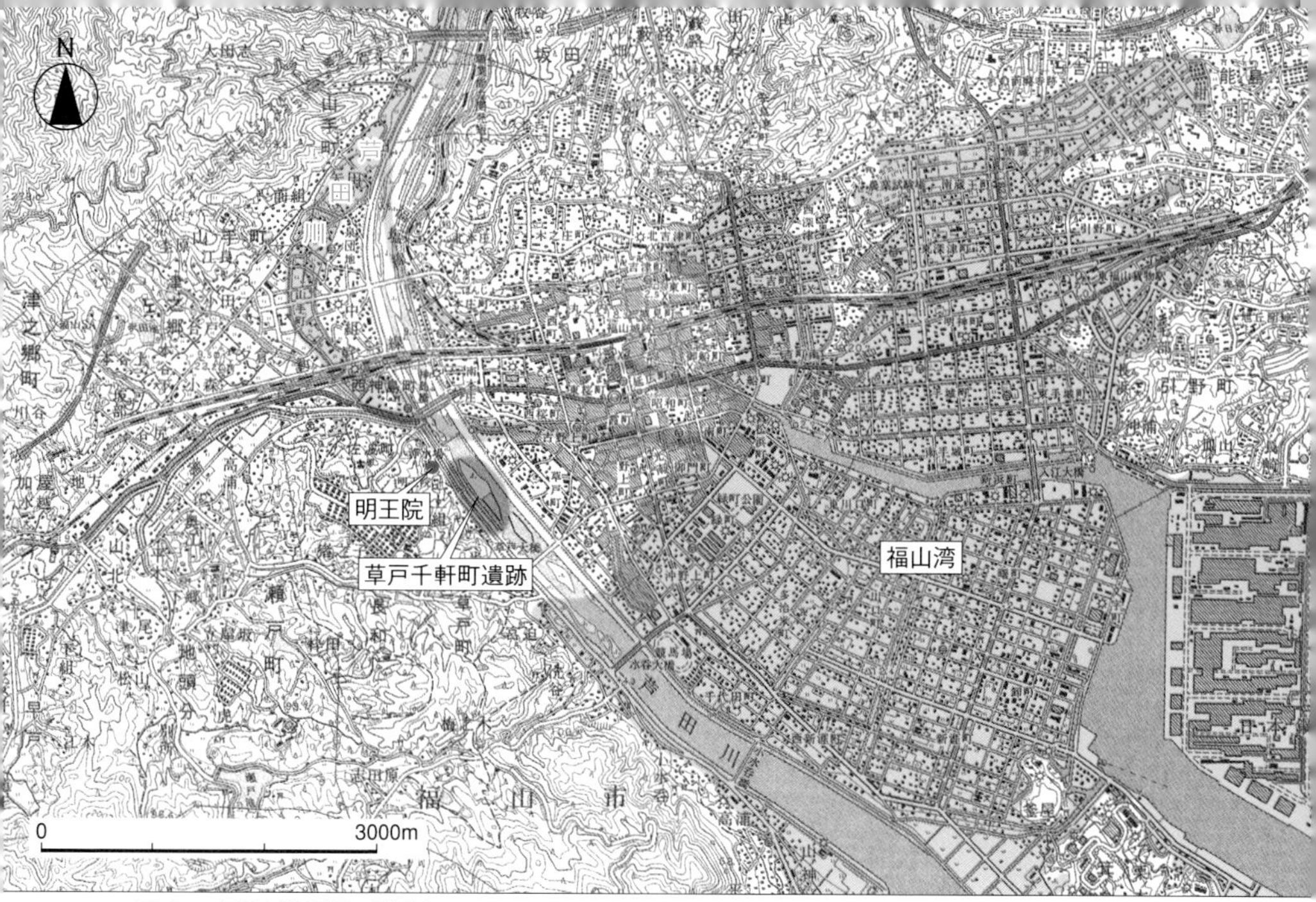

図 8 ● **中世の海岸線**（推定）
芦田川河口の三角州は小さく、福山湾が大きく湾入していた。

図 9 ● **芦田川と草戸千軒町遺跡**（北から）

する包含層が遺跡の北東部を中心に分布することが確認されており、平安時代前期になってこの場所がなんらかの形で利用されるようになったことがわかる。

この時期の黒色土器や緑釉陶器は、各地の役所である官衙《かんが》遺跡、あるいは寺院跡などから出土する例が多いことから、この場所も律令政府の地方支配に関係する施設として利用された可能性がある。ただ、中世集落成立時にその跡地が全面的に整地されたらしく、明確な遺構は検出できなかった。

常福寺との関係

遺跡西側の丘陵中腹に、真言宗の寺院・明王院がある（図10）。この寺院は、中世には常福寺とよばれる西大寺流律宗《りつしゅう》の寺院であったことが知られている。

明王院に伝わる近世の資料によれば、常

図 10 ● 明王院本堂（右）と五重塔（左）
草戸千軒の集落が存在した頃の建物である。

福寺は八〇七年（大同二）、弘法大師の開基とされているが、それを裏づける資料は確認できない。一方、本尊は重要文化財の十一面観音立像で、平安時代中期、一〇世紀前半の作品とされる。

本尊の製作年代と、遺跡の下層から出土している緑釉陶器の年代は近い関係にあり、現在の明王院の前面一帯が常福寺の建立に関係して開発された可能性も考えられないではない。ただ、これまで明らかになっている確実な資料からは、常福寺の創建を古代にまでさかのぼらせることは困難である。現存する本堂と五重塔（ともに国宝）は、昭和三〇年代に実施された解体修理によって、本堂が鎌倉時代末の一三二一年（元応三）、五重塔が南北朝時代の一三四八年（貞和四）に建立されたことが確認された。

本堂周辺の発掘調査では、現存する本堂に先行する掘立柱《ほったてばしら》建物跡がみつかり、これが中世常福寺の前身となる建物跡とも考えられているが、古代寺院とするにはあまりにも貧弱な建物跡である。また近辺からは、中世寺院に先行する時期の瓦などもまったく出土していない。本尊についても、別の寺院から移された可能性もある。したがって、常福寺の創建年代を平安時代にさかのぼらせる確実な資料は確認できていないのが現状である。

ただ、この寺院が弘法大師ゆかりの寺として地域の人びとの篤い信仰を集めてきたことは重要で、それによって、福山地域最古の建造物となる本堂・五重塔が現在まで伝えられることになったのである。

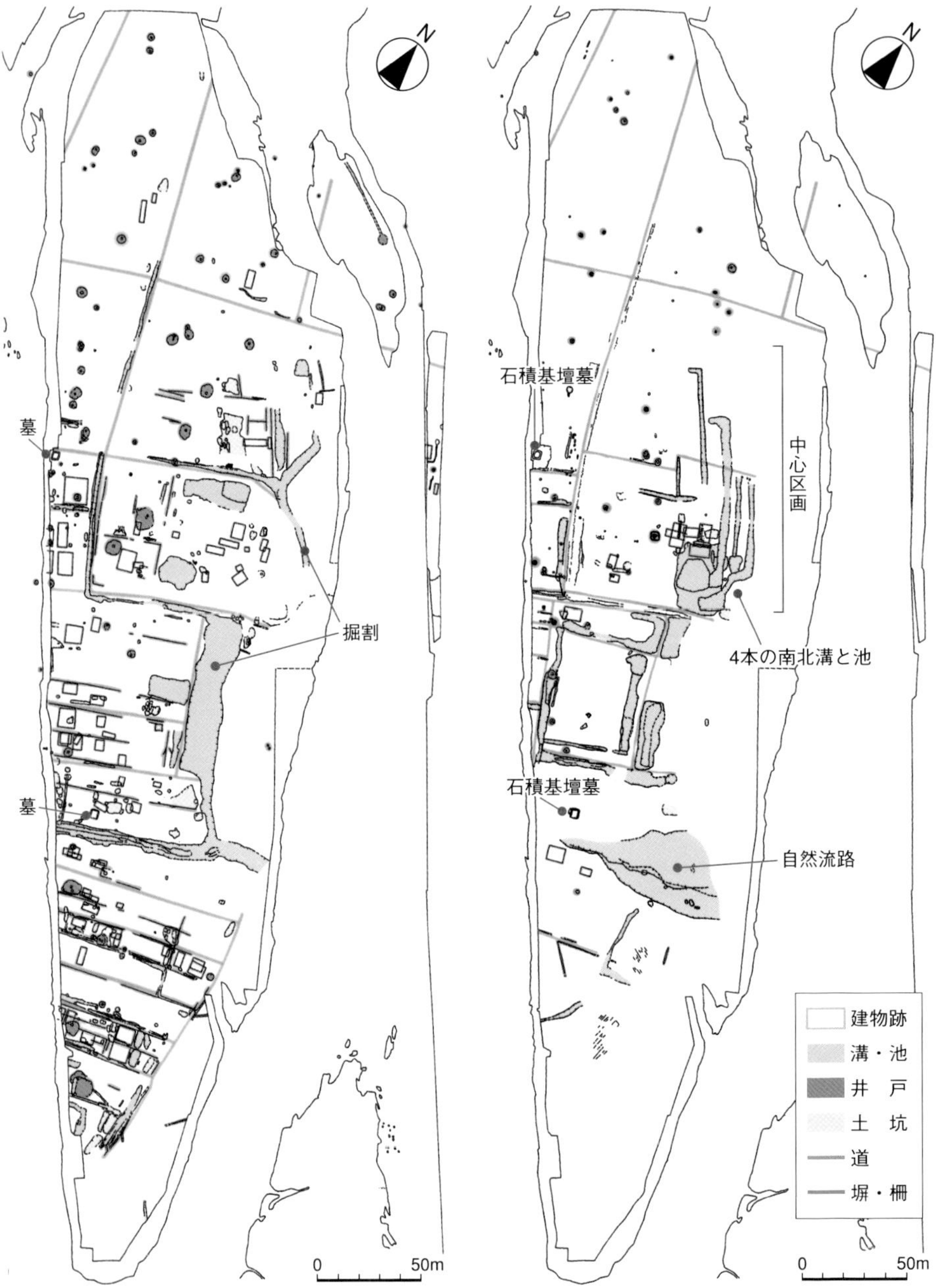

2　14世紀前半

1　13世紀中頃～後半

図11 ● 草戸千軒町遺跡の変遷

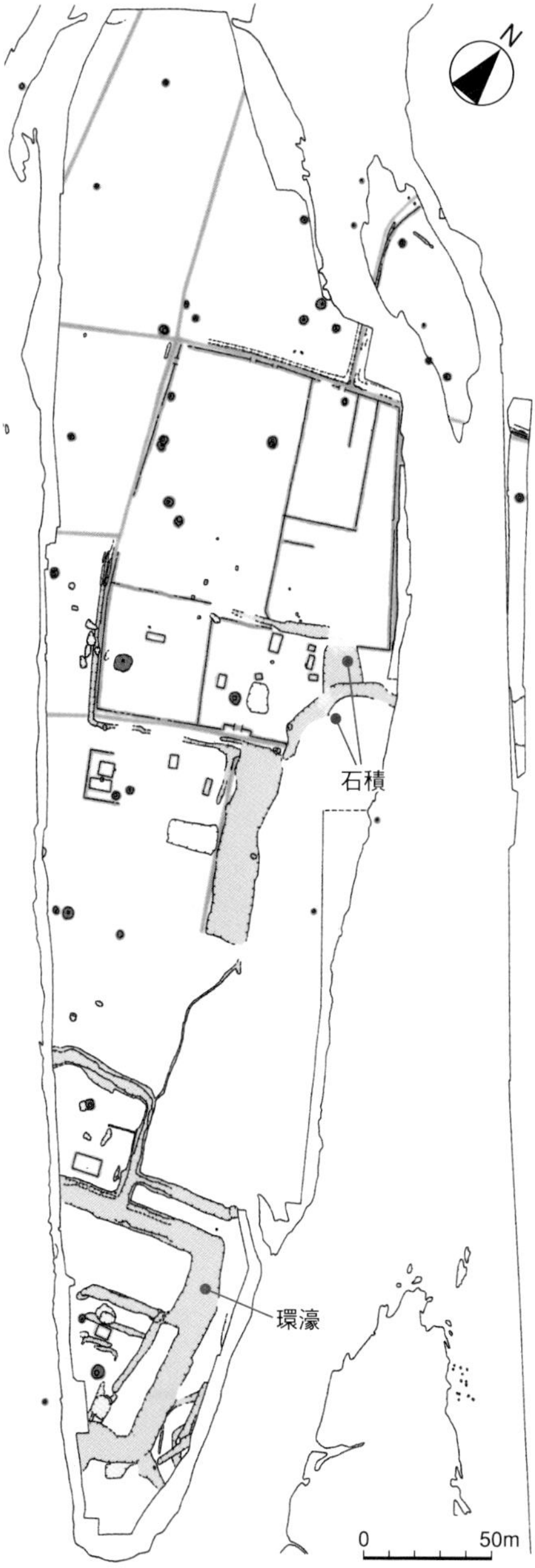

4　15世紀末～16世紀初頭

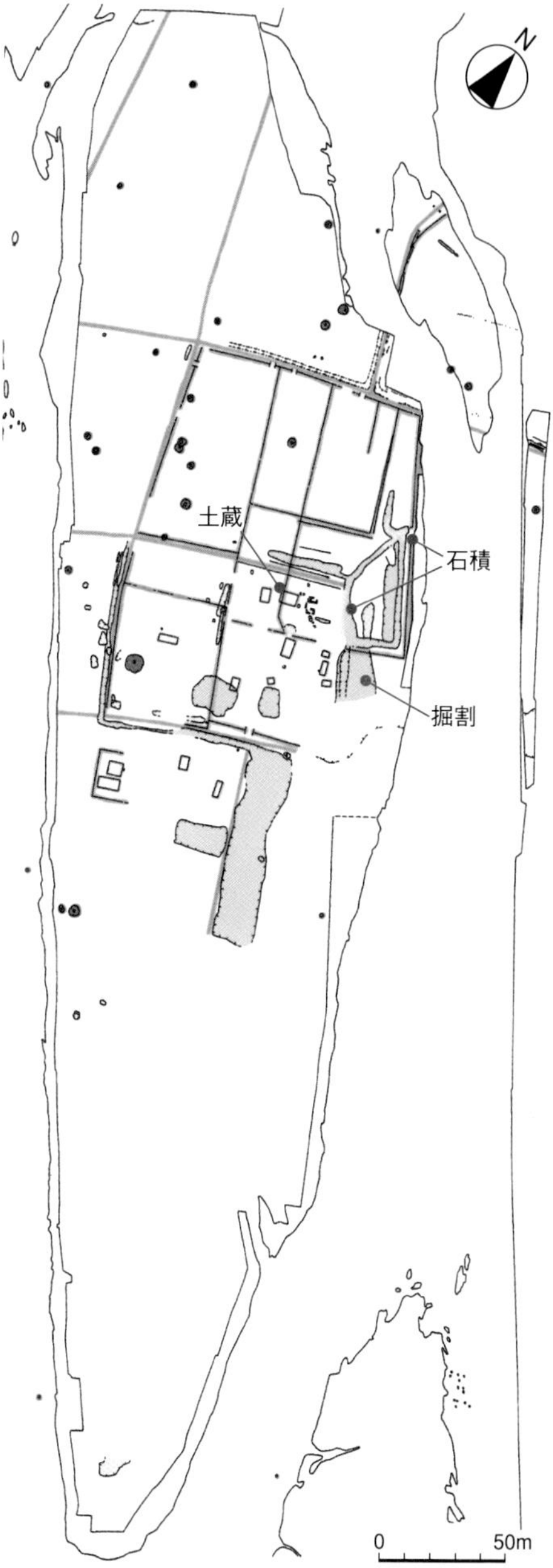

3　15世紀後半

平安時代後期の空白期間

以上のように、平安時代前期の九世紀末から一〇世紀初頭頃、遺跡の存在する芦田川三角州の南西部がなんらかの形で利用されるようになったことが確認できる。ただ、その施設は中世集落へとそのまま継続するものではなかったらしい。というのは、その後一一世紀から一二世紀にかけての遺物がほとんど出土していないのである。

古代に存在した施設は国衙《こくが》となんらかの関係をもちながら運営されたようだが、継続的に利用されるものではなく、短期間のうちにその役目を終えたのであろう。それとは異なる別の役割をになって、中世集落・草戸千軒は一三世紀中頃に成立することになる。

2 中世集落の成立（一三世紀中頃〜後半）

方形の町割

一三世紀中頃になると遺跡の中央部から北部にかけて、井戸や溝・土坑などの遺構が出現してくる（図11―1）。

もっとも早い段階に居住域の形成が確認できる遺跡の中央部やや北よりの区域は、その後も集落の最終段階にいたるまで中心的な居住域として利用されている。また、出土遺物や遺構の質・量ともに他の区域を上回っていることから、集落運営に中心的な役割をはたした場所であったと考えられる。ここを「中心区画」とよぼう。

この段階には、のちにみられるような塀・柵による明瞭な集落の区画は認められないが、道路側溝や屋敷を囲む溝などの配置から、「中心区画」を核に方形を基本とする町割がおこなわれていたことが想定できる。「中心区画」の東縁には一三世紀中頃から後半にかけて四本の南北溝が掘られ、さらにその南端には大きな池が掘られている。これらの遺構群は、「中心区画」の造成工事を進める際に水はけをよくするための排水装置であったと考えられ、この区画で大規模な屋敷の造成がおこなわれたことを示している。

それを裏づけるように、溝南部やそれにつながる池からは鼻繰《はなぐり》（図12）・壁木舞《かべこまい》（図13）をはじめとする建築部材が大量に出土している。鼻繰とは、建築現場にもち込まれた木材端部に開けられた縄掛けのための孔（桟孔《えつりあな》）で、木材を利用する際に端材として切り棄てられた部分である。壁木舞は、土壁の芯となる格子状の部材である。表面の壁土がみつからなかったので、廃絶した建物の部材を廃棄したものではなく、建築途中の部材がなんらか

図12 ●鼻繰の出土状況

の理由で廃棄されたものであろう。

また、中心区画の西側に隣接する区画には、方形の石積基壇と区画溝をもつ墓と考えられる遺構があった（図14）。

これに対して、遺跡南部は居住域としては利用されておらず、集落西側の丘陵から流れ出る自然流路や、方形の基壇をもつ墓などの遺構が散在するにすぎない。遺跡南部の標高が北部にくらべてやや低く、基盤に砂質の土層が広がっていることが発掘調査によって確認できており、この段階では居住には不安定な区域で、開発が進んでいなかったものと考えられる。

皇室領長和荘と草戸千軒

草戸千軒成立の背景については、これまで集落の西方に広がる丘陵一帯に存在した荘園、長和荘《ながわのしょう》との関係で理解する説が有力であった。

長和荘は、現在の福山市瀬戸町長和を中心に存在

図13 ● 壁木舞の出土状況

した皇室領の荘園である。成立の経緯は明らかでないが、鳥羽《とば》院政期の一二世紀中頃までには成立していたらしい。鎌倉時代には京都の安居院《あぐい》悲田院《ひでんいん》の所領となり、地頭《じとう》には承久《じょうきゅう》の乱後に備後守護《びんごしゅご》となった長井氏の一族が任じられていた。

悲田院と地頭との間で一二七五年（建治元）頃に交わされた「備後国長和荘《びんごのくにながわのしょう》領家地頭所務和与状《りょうけじとうしょむわよじょう》」（『田総文書《たぶさもんじょ》』）には「山河海辺」という字句があり、荘域が海に接していたことがうかがわれる。このことから、芦田川の河口近くに位置した草戸千軒の集落も長和荘の荘域に含まれていたものと考えられ、長和荘の年貢積み出し港あるいは荘内市場として成立したことが想定されたのである。

しかし、長和荘の成立が一二世紀代であるのに対し、草戸千軒の成立は一三世紀と時期差のあることがその後の研究によって明らかになった。そのため、長和荘の成立をそのまま集落の成立に結びつけることはできず、別の契機を考える必要がある。一三世

図 14 ● **石積基壇墓**
「中心区画」の西側で発見された方形の石積基壇をもつ墓。

紀中頃という時期を考慮するならば、長井氏が地頭として領地の経営に関与していくことと、集落成立との関係を検討する必要がある。

3 町の発展と停滞（一四世紀前半）

急速に発展してゆく町

前段階の大規模な造成工事によって「中心区画」の機能は高められたようで、集落北半では「中心区画」を核とする方形の区画がいっそう明確になる（図11―2）。同時に、遺構の数も増加し、一四世紀初頭から前半にかけて、施設の構築・廃絶をくり返しながら、集落が急速に発展していったことがうかがえる。

また、「中心区画」の東側には、南から入り込む掘割が築かれる。これは集落に小舟を導き入れるための、いわゆる舟入であったと考えられる。

この段階の終わりに「中心区画」の一角に掘られたゴミ捨て穴から、数十点の木簡《もっかん》がまとまって出土した。

木簡とは、木の札に墨で文字や記号を記したものである。奈良の平城宮跡などで出土している古代の木簡は、役所の事務に使われたものや、地方から送られた税などの付札として使われたものが多いが、草戸千軒町遺跡から出土している木簡には、商品や金融の取引に関するメモと考えられるものが圧倒的に多い。なかには、利子をとって銭を貸していたことを示す木簡

（図15）、あるいは味噌の原材料の取引に関する木簡なども含まれており、商業・金融業・醸造業などに多角的にかかわる人物の姿が浮かび上がってくる。

「中心区画」とそれに隣接する区画には、この時期までに多角形縦板組の井戸（図16）が構築されている。この形式の井戸は、当時もっとも一般的であった方形縦板組の井戸にくらべ良質で厚い木材を用い、板材相互を雇枘《やといほぞ》（別材でつくった枘）で結合するという高度な技法によって組まれている。同様の井戸は、たとえば鎌倉市内の今小路西《いまこうじにし》遺跡において、幕府権力の中枢にあったと想定される人物の屋敷の中心部でも発見されており、非常に格式の高い井戸であった。

商人と職人の町

さらに、この段階になると集落の南側が積極的に利用されるようになる。

まず、西側の丘陵から流れ出る東西方向の自然流路が掘割として整備されるとともに、ここに接続する南北方向の掘割も新たに構築される。これらによって、集落南

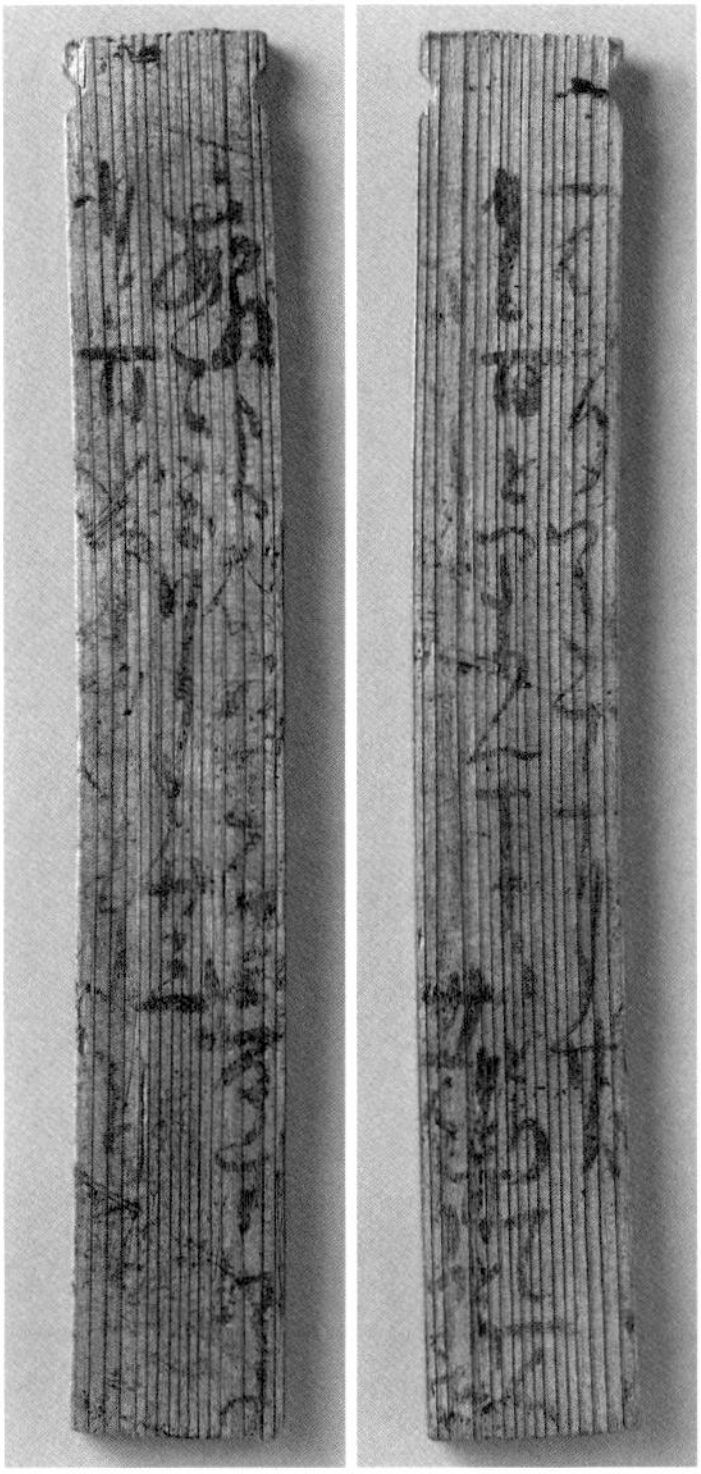
（表）　（裏）

図15 ● 銭の貸付にかかわる木簡
銭百文を五文の利子で貸したものの、期限がきて利子が倍の十文になったことが記されている。

部にも小舟を導き入れることが可能になった。

そして、それまで利用されていなかった遺跡南部の広範な区域を盛土によって造成し、東西方向の小溝や柵・塀などで区画した短冊形の区画が形成されてくる。短冊形区画は、南北の幅が一〇メートル程度、東西の長さが短いもので二〇メートル、長いもので一〇〇メートルにもおよぶ細長い区画が連なるもので、鍛冶などの生産活動が確認できる区画のほか、倉庫をともなう区画もある。

こうした細長い短冊形の地割は、近世以降の街路に沿った宿場町・市場町などに典型的に見られる地割であり、集落の都市性を示すと評価されることが多い。草戸千軒町遺跡で明らかになった短冊形区画の場合も、おそらく河川によって調査できなかっ

図 16 ● 多角形縦板組の井戸

た中州東側に南北方向の道路が存在し、そこに間口を接するように形成された可能性が高い。また、背後に掘割がとりつく区画や、倉庫をもつ区画があることなど、流通や商工業に関与していたことがうかがえる。

途絶える集落

こうして一三世紀中頃の成立から一四世紀前半にかけて順調に発展をつづけてきた草戸千軒の集落であるが、一四世紀第２四半期になると、突然停滞期を迎えることになる。この時期、集落全体で多くの施設が廃絶され、それ以後一四世紀後半代の遺構がほとんど確認できなくなるのである。

集落が停滞期をむかえた理由としては、洪水や火災といった災害の可能性も考えられるが、遺構・遺物からは災害の明確な痕跡を見いだすことができない。その一方、木簡がまとめて廃棄された前述のゴミ捨て穴からは、相互に関連する記載内容をもつ木簡とともに、なにも記載されていない木札、つまり「白紙の木簡」とでもよぶべき資料が出土している。木簡を作成していた商業・金融業者が、突然その活動を停止したような状況が確認できるのである。おそらくは、鎌倉時代末期から南北朝時代へと移行する社会変動のなかで、集落がそれまでとは同じ状態で存続できないような政治的・社会的な動きがあったものと思われるが、その具体的内容についてては明らかにできていない。

4　町の再開発（一五世紀前半～後半）

移動した町の中心

一四世紀後半を中心とする停滞期には遺構がほとんど形成されなくなるが、集落が完全に消滅したとまでは断定できない。というのは、発掘調査した中州の外側には、この時期の集落が広がっていた可能性があるからである。一九九五年に、福山市教育委員会が中州の上にかかる法音寺《ほうおんじ》橋のかけ替え工事にともなって実施した芦田川東岸高水敷での発掘調査では、一四世紀中頃から後半にかけての遺物が比較的まとまって出土している。この時期の集落は全般的には停滞しながらも、中心的な居住域を移動させて存続していた可能性もある。

戻ってきた町のにぎわい

やがて一五世紀前半になると、「中心区画」とその周辺区域で再び遺構が確認できるようになる。この時期の遺構の多くは、集落が停滞期をむかえる直前の段階の遺構に重複して存在することに特徴がある。つまり、いったん埋められた溝や池をふたたび掘り返すことによって施設を構築しているのである。このことから、かつての施設を再構築することによって、停滞、あるいは衰退していた集落の機能を再び活性化させようとしたことがうかがえる。

また、施設の再開発がおこなわれた場所が「中心区画」に集中していることは、集落の機能を高めるうえで、まずこの区画の施設を再構築する必要があったことを物語っており、ここにも「中心区画」の重要性が示されている。

金融業者「今倉殿」

一五世紀中頃から後半になると、集落はかつての活況を取り戻したようである（図11―3）。「中心区画」東側にとりつく掘割は石積による護岸で整備され（図17）、その近くには土壁づくりの倉庫、すなわち土蔵が建てられている（図18）。この土蔵跡からは、土壁《なま》を保護するために貼りつけたと考えられる生子瓦《こがわら》（土壁を保護するために壁の表面にはりつけた正方形の瓦）の破片が大量に出土している。復元すると一辺三〇・三センチの正方形に復元でき、現在でも各地の土蔵で目にすることができる生子瓦とほとんど同じものである。中世の倉庫建築の歴史は十分明らかになっていないが、倉庫建築の系譜を考えるうえでのきわめて重要な資料である。

図17 ● 石積で護岸された掘割
「中心区画」の東に南北方向にとりつく掘割は、15世紀中頃から後半には石積の護岸をもつようになる。

商業・金融活動が活性化したことは、出土木簡からもうかがうことができる。この時期の木簡は、「中心区画」東側の掘割に集中しており、この区画の住人が商業・金融活動や、税の徴収に関与していたことを示す木簡が大量に出土している。

とくに注目されるのが、片面に「こいよりしやうせい」、その裏面に「くしかき五把くさいつ　いまくらとのへまいる」と書かれた木簡である（図19）。この木簡はその形態から、荷物に添えた付札木簡と考えられ、「こい」という場所から送付した「正税《しょうぜい》」に付けられていたものと理解できる。「こい」の候補地は、現在の福山市駅《えき》家《や》町に残る「小井」が想定でき、「正税」とは国衙領からの年貢を意味している。そして、国衙領年貢として「串柿《くしがき》五把」が送られたらしく、その送り先が「くさいつ」

図18 ● **土蔵跡の礎石**
建物跡からは、火を受けた壁土の塊や生子瓦が出土しており、土壁づくりの倉庫であったことがわかる。

に住む「いまくらとの」だったのである。第4章でも述べるように、この「くさいつ」は集落一帯を指す古地名であると考えられる。「いまくらとの」には「今倉殿」の字をあてることができるが、石井《いしい》進《すすむ》は室町時代の金融業者に「～倉」という名前が多いことから、これが集落を拠点に活動した土倉《どそう》（室町時代を中心とする資料に登場する金融業者。物品を担保に金銭の貸付や運用をおこなっていた）で、しかも新興の土倉を意味するのではないかと考えた。

つまり、一五世紀中頃から後半にかけて、再開発が進んだ草戸千軒の集落には「今倉殿」とよばれる新興の金融業者が存在し、国衙領年貢の収納に関与していたことが想定できるのである。さらに、先にあげた生子瓦をもつ倉庫は、金融業者・今倉殿が構えた倉庫であった可能性も考えられる。

塀に囲まれた屋敷

経済活動の高まりとともに、この時期の集落を特徴づけるものが、塀や柵による屋敷の厳重な囲い込みである。前述のように、この時期の居住域は「中心区画」に集中しているが、この区画を囲み、さらに区画内を東西・南北に分割する塀や柵が構築されるようになる。

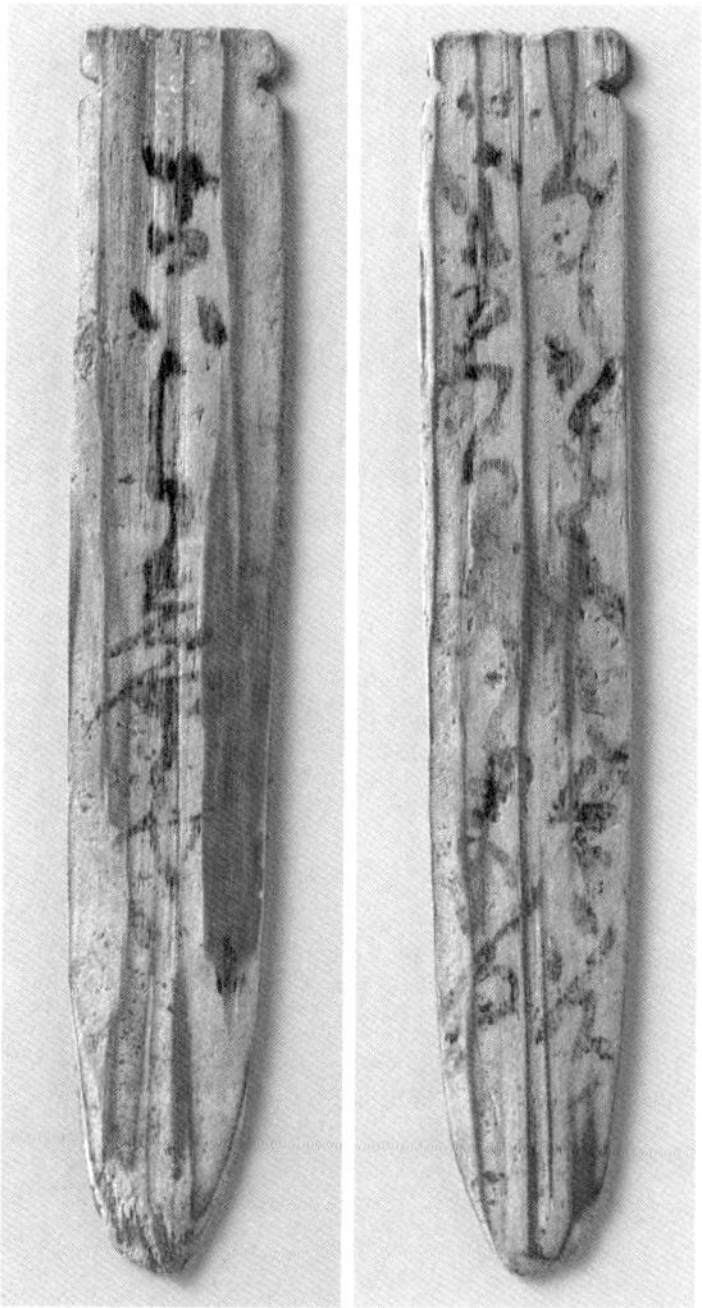

（表）　（裏）

図19 「今倉殿」へ送られた木簡
「くさいつ」の「今倉殿」に宛てて、正税の「串柿」を送った際に添えた木簡。

発掘調査で明らかになったのは塀・柵の基礎の部分のみだが、基礎の構造は大きく二種類に分けることができる。まず一つが壺掘《つぼほ》りの柵とよぶもので、一定間隔の柱穴が直線に並ぶものである。もう一つが布掘《ぬのぼ》りの柵（図20）とよぶもので、一直線の溝の底に一定間隔の柱穴が検出できるものである。

従来、これらの遺構はいずれも「柵」と表現され、一定間隔に柱を立て並べ、それらに水平方向の横木を渡した柵を想定してきた。しかし、布掘りの柵は、柱と柱の間をつなぐように連続して基礎を築いていることから、単なる柵ではなく、柱と柱の間をふさいだ閉鎖的な「塀」を想定すべきではないかと思われる。おそらく、柱と柱の間に板をはる板塀《いたべい》や、その上に壁土を塗った土塀《どべい》に復元できるものと考えられる。

また、遺跡からは火を受けた壁土が多く出土している。通常の建物の壁土は、幅の狭い板材を格子状に組んだ壁の芯、すなわち木舞の痕跡を残している。一方、厚さが一〇センチ以上と厚く、木舞の痕跡にかわって背面に幅広い板材の痕跡を残すものも存在しており、こうした壁土の一部が土塀の壁土であった可能性がある。

図20 ● **布掘りの柵**
柱の間をふさいだ板塀や土塀であった可能性がある。

応仁・文明の乱による衰退

一五世紀中頃から後半にかけての草戸千軒には、塀や柵で囲まれ、その内部に土蔵などを構えるという、防禦性・耐火性を意識した町が形成され（図21）、木簡などからうかがうような活発な経済・金融活動が展開されていたことになる。しかし、一五世紀後半、おそらくは一四七〇年代前後になると、こうした経済活動は再び停止を余儀なくされたらしい。

この頃、「中心区画」の東側にとりつく掘割が埋め戻され、木簡が大量に廃棄されるとともに、掘割に隣接する倉庫も焼失している。そして、これ以降、商業・金融活動に関する木簡はほとんど出土しなくなり、掘割が再び築かれることもなかった。

こうした集落の変革は、その時期から判断して、応仁《おうにん》・文明《ぶんめい》の乱（一四六七〜一四七七年）にともなう社会の変動によって引き起こされた可能性が高く、成立以来の草戸千軒の集落がはたしていた地域経済

図21 ◎復元された15世紀後半の「中心区画」
塀や柵で囲まれた区画の東側（写真では左上部分）に掘割がとりついている。

の拠点という性格も、これを境に大きく変質したものと思われる。

5　町の終焉（一五世紀末〜一六世紀初頭）

領主の館

応仁・文明の乱によると思われる集落の混乱は、比較的短期間のうちに回復したらしく、一五世紀末には「中心区画」一帯で塀あるいは柵などの施設が再び整備されてくる。（図11―4）

そして、一四世紀後半から一五世紀中頃にかけて、目立った遺構が確認できなかった集落南部には、この時期、一辺が一〇〇メートルほどの大規模な方形の区画が出現する（図22）。方形区画は、幅一〇メートルほどの環濠によって囲まれており、当初の環濠には長方形の土坑を連接させるいわゆる障子堀の部分もあったが、最終的には断面が逆台形の箱堀に改修されている。環濠の内側には土塁がめぐっていた痕跡も認められる。

また、方形区画の北側には一辺四〇メートルほどの小規模な方形区画が付随しているが、これも同時期に存在した区画である。河川や堤防のために調査できなかった遺跡の西側にもこうした複数の区画が広がり、中央の大きな区画の周囲にいくつかの小区画が連接する構造であったとも考えられる。

規模や形態から判断して、この方形区画は中世後期に各地で出現する方形居館《ほうけいきょかん》とよばれる領主層の居館に共通する点が多く、一五世紀末になって在地領主の居館建築を契機として集落が

図 22 ● **方形居館の調査状況**
居館の北東部の調査状況。西半分は、川のなかにあって調査できなかった。

再編されたことを示している。

居館内の施設としては、掘立柱建物・井戸・溝・土坑などの施設が確認できるが、主要な建物の配置は明らかになっていない。これは建物の多くが礎石《そせき》建物で、その礎石がすでに移動していることなどに原因があると思われる。居館に関係する遺構から出土する遺物には大きく新旧二段階が存在し、さらに同じ段階の遺構にも重複するものがみられることから、居館は何度かにわたって改修がくり返されたことがうかがえる。

方形居館が存在した時期の草戸千軒の集落の景観を復元すると、北部には塀や柵で囲まれた「中心区画」を核とする集落が展開し、南部には環濠と土塁に囲まれた居館が存在するという二極に分かれた構造をとっていたことになる。集落と居館との間には幅一〇〇メートルほどの遺構の希薄な部分が広がっており、先行して存在した集落の区画から一定の距離をおいて居館が位置するような関係にある。これは、南部の居館の成立に際して、いままで存在した集落を完全にとり込む形での再編がおこなわれなかったことを示している。その点では、領主の居館を核として町割が決定された城下町のような形態にはいたっていないと考えることができるだろう。

また、「中心区画」にとりついていた掘割は前段階にすでに埋められており、集落の経済・流通機能は低下していた可能性が高い。これは、たんに経済拠点としての機能が衰退したのか、あるいはそうした機能が領主権力のもとで再編され、別の場所へと移動させられたのかは明らかにできていない。領主居館と集落とがどのような関係で結ばれていたのかは、今後に残された課題である。

草戸千軒町の終焉

比較的短い期間に何度かの改修がおこなわれた方形居館も、一六世紀初頭、おそらく一五一〇年代のうちには居館内の諸施設とともに周囲の環濠が埋め立てられ、廃絶することになる。方形居館を囲む環濠内からは、「丙辰」「甲子」の干支が記された位牌《いはい》が出土している（図23）。「丙辰」は一四九六年、「甲子」は一五〇四年と考えられ、居館の年代を知る手がかりとなっている。ほぼ同時期に、居館の北に位置する塀・柵に囲まれた区画でも多くの施設が廃絶され、草戸千軒の集落全体が町としての役割を終えることになる。

環濠や井戸、溝・土坑などが意図的に埋め戻されていることから、集落の廃絶は人為的なもので、洪水などの災害によるものとは考えられない。集落廃絶の原因は、発掘調査では明確にできなかったが、居館と塀・柵囲いの区画がほぼ同時期に廃絶されていることなどから、政

図23 ● 環濠から出土した位牌
夫婦の戒名・命日を記したと考えられる位牌。

治・社会的な要因、具体的には居館を拠点とする領主権力との関係によって廃絶にいたったことを想定する必要があるだろう。

草戸千軒の領主

以上に述べてきたように、一五世紀末から一六世紀初頭にかけての集落の動向には、在地領主の動向が大きな影響を与えていることが予想されるが、こうした領主の最有力候補としてあげられるのが備後渡邊《わたなべ》氏である。

渡邊氏に関する資料は必ずしも多くなく、その活動についても不明な点が多いが、草戸千軒との関係を知ることのできる貴重な資料として、『渡邊氏先祖覚書』が戦前から知られていた（図24）。これは、渡邊氏が備後で活動するようになった経緯を、備後渡邊氏四代目の渡邊兼《かね》という人物が子孫のために書き記したもので、一五三四年（天文三）に記さ

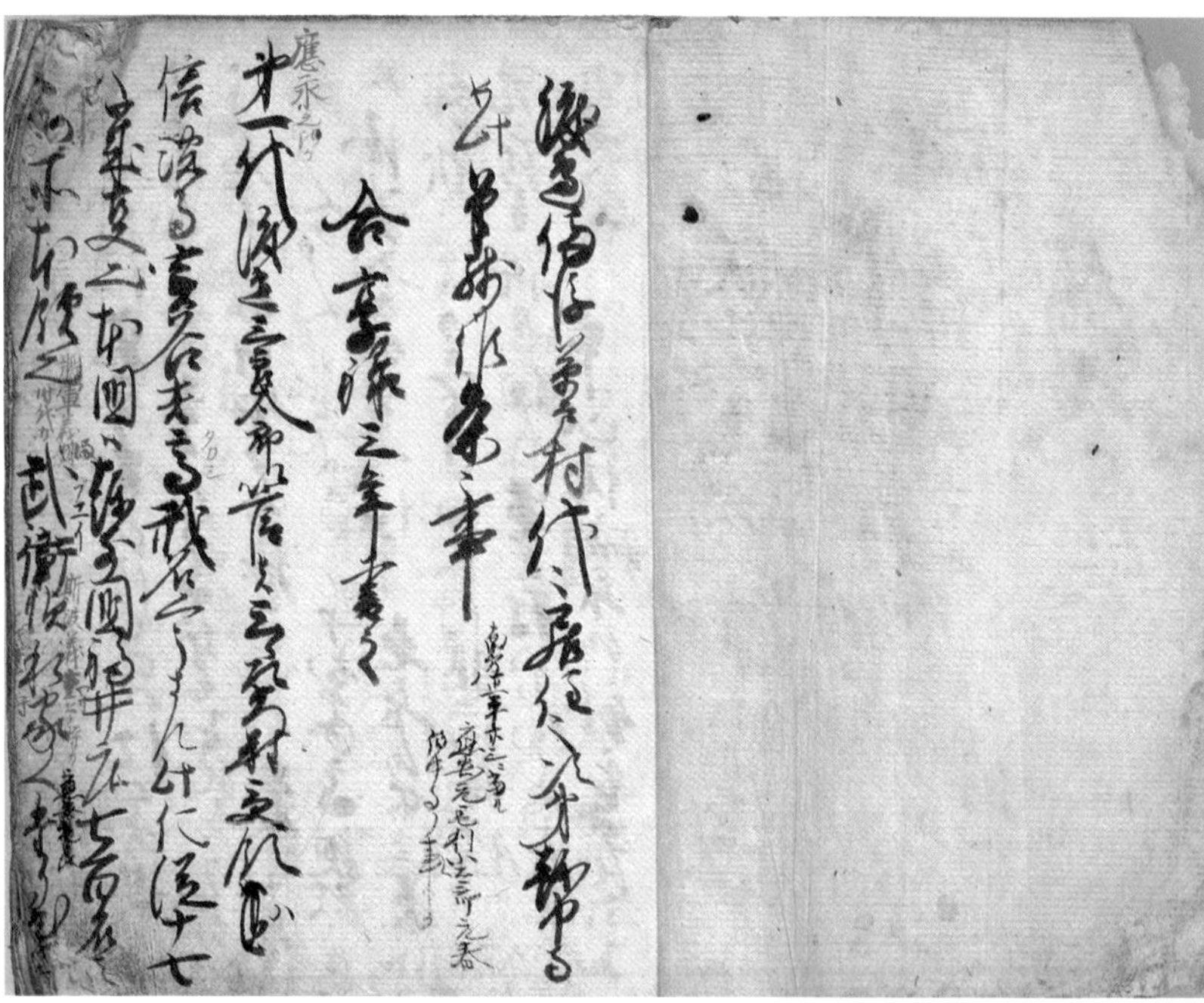

図24 ●『渡邊氏先祖覚書』
15世紀から16世紀にかけての集落の動向を解明する重要な手がかりを提供している。

れた原本を一六九七年（元禄一〇）に写したものが、濱本鶴賓によって紹介されていた。写本の行方はそれ以後、長らくわからなくなっていたが、近年これが岡山県井原《いばら》市内に存在することが明らかになり、現在では広島県立歴史博物館に寄託されている。『渡邊氏先祖覚書』によれば、渡邊氏はもともと越前《えちぜん》国の住人で、越前守護・斯波《しば》氏の家臣であったという。しかし、備後渡邊氏初代・渡邊高《たかし》という人物が相続争いのもつれから叔父を殺してしまい、京都悲田院にかくまわれることになった。やがて、悲田院の領地である備後の「草土」に移り、長和荘寺家分の年貢を五〇貫文で請け負うとともに、備後守護山名《やまな》氏の守護代である犬橋《いぬはし》氏の家臣となった。その後、渡邊氏代々は山名是豊《これとよ》・政豊《まさとよ》・俊豊《としとよ》に従って行動することになる。

応仁・文明の乱に際して、三代目の渡邊家《いえ》は山名是豊に従って東軍方で行動するが、備後地域における是豊の勢力が一掃されるなかで、草土をはじめとする備後南部の領地を失ってしまう。渡邊家は笠岡《かさおか》・塩飽《しわく》・宇多津《うたづ》・弓削《ゆげ》島などを転々としたが、備後守護の山名政豊に許され、再び草土に居館を構えることになった。

また、四代目の渡邊兼は山名俊豊に従って将軍足利義材《あしかがよしき》による近江六角《おうみろっかく》氏討伐（一四九一年）などに従軍している。その後、山名氏の内紛によって備後守護・俊豊とその父である但馬《たじま》守護・政豊が対立した際には、渡邊兼は俊豊方として活動する。やがて備後における領主間の紛争が仲裁される過程で、沼隈郡山田（福山市熊野町）を領地として与えられ、本拠地を草土から山田へと移すことになった。

『渡邊氏先祖覚書』の内容には不明確な点も残されているが、およそ以上のような備後渡邊氏の動向を知ることができる。

渡邊氏の動向と草戸千軒

『渡邊氏先祖覚書』の記述からは、渡邊氏が備後に来たのは一五世紀前半の応永年間頃のことと推測でき、いったん衰退した集落の再開発が開始された時期に一致している。その後、集落では経済活動が再び活発になっていくが、これは渡邊氏が備後南部の一領主としての立場を確立する過程を反映したものとみなすことができる。また、在地領主としての地位を築いた渡邊氏は、応仁・文明の乱で領地をすべて失うことになるが、これは集落における商業・金融活動が一五世紀後半段階に停止することに結びつけて理解することが可能である。さらに、許されて草土に戻り居館を構えることは、その後の方形居館の成立を示していると考えられる。そして、草土から山田に拠点を移した時期は、関連する資料から永正《えいしょう》年間頃のことと推測されているが、これも発掘調査で明らかになった集落の最終段階が一六世紀初頭であることに一致している。

このように、『渡邊氏先祖覚書』の示す内容は、一五世紀から一六世紀にかけての集落の変遷を具体的に裏づけるものであり、領主・渡邊氏が草戸千軒の動向に深く関与していたと考えざるをえない。この資料の分析が今後さらに進めば、出土資料についても、より深い解釈が可能になるであろう。

第3章　人びとの暮らし

1　活発な流通網

大量に出土する土師質土器

草戸千軒町遺跡から出土した土器・陶磁器は、その大部分が釉薬をかけない素焼の土器の椀や皿によって占められている（図25）。

それまで知られていた中世の焼物といえば、六古窯とよばれた生産地（瀬戸《せと》焼・常滑《とこなめ》焼・越前《えちぜん》焼・信楽《しがらき》焼・丹波《たんば》焼・備前《びぜん》焼）の製品に代表される堅く焼き締められた陶器であり、これらによって中世の焼物のイメージが形づくられていた。ところが、そうした陶器よりも低い温度で焼かれた素焼きの土器のほうが圧倒的に多く消費されていた実態が明らかになったのである。

土師質土器《はじしつどき》とよぶこれらの土器は大部分が椀や皿などの食膳具《しょくぜんぐ》で、そのほかに鍋《なべ》や竈《かまど》なども含まれている。釉薬《ゆうやく》をかけない質素な土器は、草戸千軒に暮らした人びとの日常的な食事の容器だと考えられるようになっていったのである。

その後、各地で中世遺跡の発掘調査が進展すると、草戸千軒町遺跡だけでなく、西日本を中心とする多くの遺跡において、出土資料の多くを占めるのが素焼の土器であることが知られるようになっていった。こうした素焼きの土器は、地域によっては「かわらけ」「土師器」などともよばれるが、地域ごとにその形態や器種の組み合わせ、製作手法などが異なっている。そのため、供給範囲はそれほど広くなく、小地域ごとの需要を満たした「在地の土器」であったと考えられている。

また、数多く出土する資料であることから、遺構や遺物の年代を決定するための基準資料としても重視された。そして、一九八〇年代に入る頃には地域ごとの型式学的な研究が進められるようになり、遺跡における年代の

図 25 ● 土師質土器の出土状況
遺構から完形品が大量に出土することが多い。

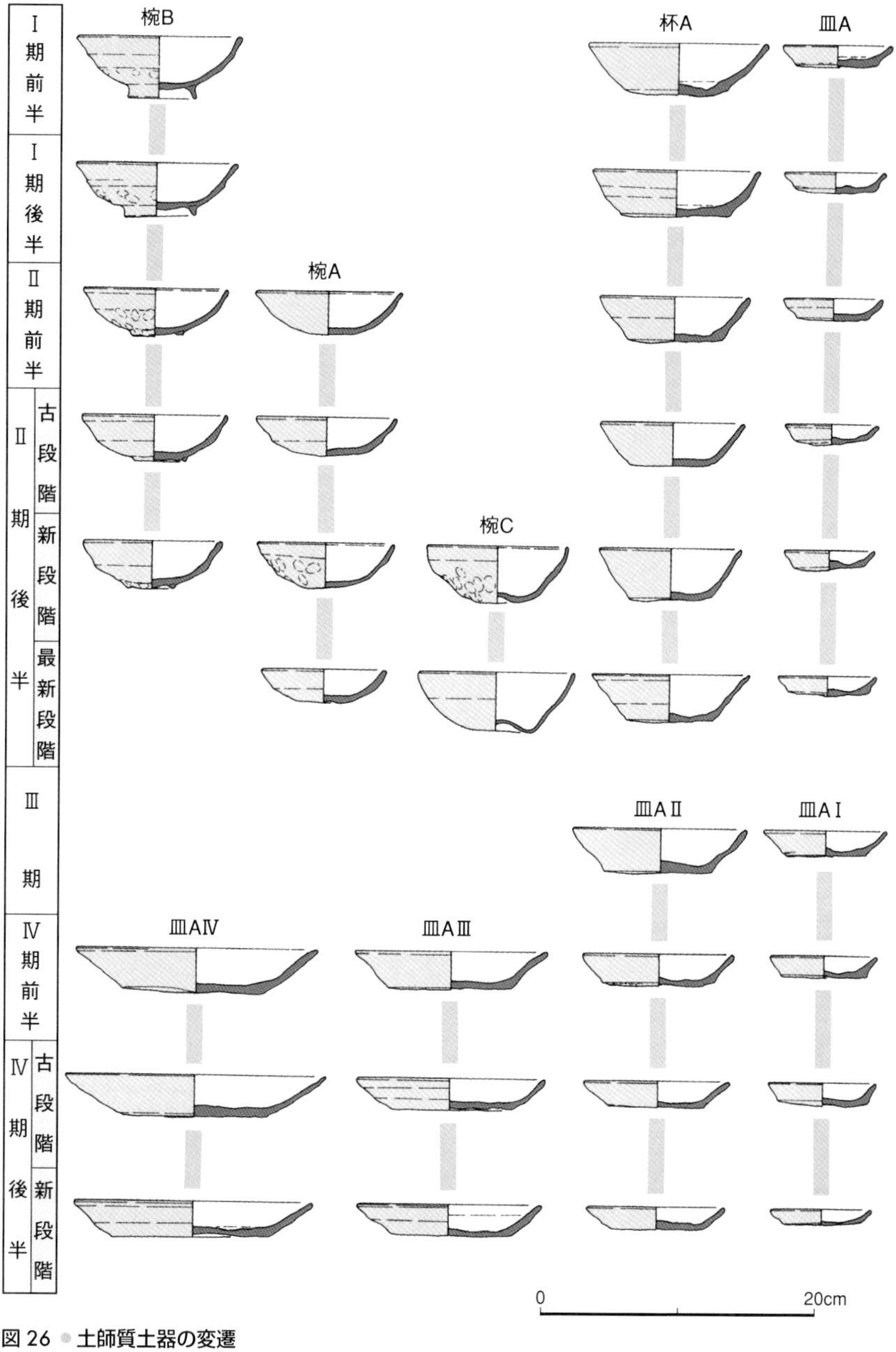

図26 ● 土師質土器の変遷
鎌倉時代（Ⅰ～Ⅱ期）には、椀・杯・皿の三器種が存在するが、室町時代（Ⅲ～Ⅳ期）になると、大きさの異なる皿だけの組み合せになる。

「ものさし」としての役割をはたすことになる（図26）。第2章に示した草戸千軒町遺跡における集落の変遷過程も、土師質土器の型式変化をもとに導き出されたものである。

土師質土器のさまざまな使われ方

当初、大量に出土する土師質土器は、集落の人びとに日常的に使用された食器が廃棄された結果であると考えられていた。しかし調査が進展し、さまざまな遺構の埋没状況についての検討が進むと、それらは断続的に廃棄されたものではなく、井戸や溝、池・土坑といった施設を埋め戻す際に、短期間に一括して廃棄されたものであることが明らかになってきた。また、破損したものが廃棄されたのではなく、多くは完形品に近い状態で埋められていることもわかってきた。さらに、土器そのものは、時代とともにつくりが簡略化し、食器としての機能はいちじるしく低下していく。

こうした分析結果から、土師質土器は日常的な食器として使われたものではなく、井戸や溝などの施設を廃絶する際に呪術的な儀礼がおこなわれ、それにともなって土師質土器が廃棄されたのではないかと考えている。

一方で、一九九〇年代に入る頃までには、東日本を中心に政治・宗教の拠点となる遺跡で「かわらけ」が集中的に出土することや、そのなかに京都の土師器皿に類似する形態のものが含まれていることが指摘されるようになった。そこから、京都でおこなわれていた儀礼的な宴会が各地に波及するなかで京都風の「かわらけ」が各地に波及したとする考えや、「かわらけ」

が非日常的な儀礼や宴会の器として特別な意味が与えられていたとする考えなどが提示されるようになったのである。また、文献資料、とくに室町時代以降に記された故実書、すなわち儀式におけるさまざまな作法を記録した書物からも、儀礼的な宴会における酒杯として大小さまざまな大きさの土器皿が使われたことがわかる。

このように、中世社会において素焼きの土器に通常の食器とは異なる独特の意味が与えられ、大量に消費されていたことは間違いない。しかし、実際の遺跡の出土状況からは、呪術や儀礼や宴会だけでは説明できない多様な用途があったことも想定できる。土器に与えられた具体的な意味については、多くの課題を残しているのが現状である。

各地からきた陶磁器

土師質土器のほかにも、この集落ではさまざまな種類の土器・陶磁器が出土したが、なかには産地が明らかでない製品も多く含まれていた。その一つが、須恵器のように灰色に焼かれた鉢であった（図27）。

鎌倉時代の遺構を中心に数多く出土するこの鉢は、内面にすったような跡があり、擂鉢として使われたと思われるものの、それまで知られた六古窯に代表される中世の窯業地には該当する製品が存在しなかった。

ところが、兵庫県の神戸市西部から明石市にかけての地域で団地造成にともなう発掘調査が進展し、これらと同様の製品を焼いた窯が存在することが

図27 ● 東播系須恵器擂鉢（口径34cm）
兵庫県明石市にある魚住窯で生産された。

明らかになった。播磨《はりま》地域の東部に窯跡が分布することから、これらの製品は東播《とうばん》系須恵器と総称されるようになる。

その後、時期的な変遷や分布範囲の研究が進められ、草戸千軒にもたらされたものは、現在の明石市に存在した魚住《うおずみ》窯を中心とするものであることや、これらが草戸千軒のみならず、九州から近畿地方にかけての西日本を中心として、鎌倉にまで分布する広域流通品であったことなどがわかってきた。

こうして、草戸千軒の集落にもたらされていた生活用具の産地が確認されるなかから、それらが広範囲な地域からもたらされたものであることが明らかになってきた。国産陶器だけをあげても、愛知県の常滑焼（図28）・瀬戸焼（図29）、兵庫県の魚住焼、岡山県の備前焼（図30）・亀山焼（図31）のほかに、出土量は少ないながらも、愛知県の渥美《あつみ》焼や滋賀県の信楽焼の出土も確認できている。

図28 ● **常滑焼大甕**（高さ89cm）
鎌倉時代には、生産地の近い備前焼よりも圧倒的に多い量の常滑焼がもたらされた。

図30 ● **備前焼擂鉢**（口径 26 cm）
備前焼の製品は、鎌倉時代末頃から急速に生産量をふやし、室町時代から戦国時代にかけて西日本一帯から遠く沖縄にも分布するようになる。

図31 ● **亀山焼甕**（口径 25 cm）
亀山焼は岡山県倉敷市で生産されていた。供給範囲はそれほど広くなく、中部瀬戸内を中心に分布している。

図29 ● **瀬戸焼灰釉四耳壺**（高さ 34 cm）
瀬戸窯は、中世における唯一の釉薬をかけた陶器の生産地。この四耳壺は、中国産の白磁四耳壺を模したもの。

石鍋の流通

広域に流通していたのは陶器だけではない。近年の研究の進展によって流通の実態が明らかになった製品として、滑石《かっせき》製の石鍋《いしなべ》がある（図32）。

わたしたちは石鍋というと、韓国料理の石焼きビビンバなどを思い浮かべ、日本の伝統的な調理具とは認識していない。ところが、古代末から中世前期にかけて、西日本を中心に数多くの石鍋が消費された時期があった。

石鍋の生産遺跡は、長崎県西海《さいかい》市を中心とする西彼杵《にしそのぎ》半島や山口県宇部《うべ》市などで知られているが、その規模は西彼杵半島一帯のものが抜きんでており、この地域の製品が各地に運ばれたものと考えられてきた。近年は理化学的な分析もおこなわれ、瀬戸内地域で出土する石鍋の多くが西彼杵半島産であることが確認できている。

石鍋の出土量は鎌倉時代にピークがあり、室町時代になると急速に減少する。常滑焼・魚住焼などと同じように、鎌倉時代に各地の産物が瀬戸内海を経由して活発に遠隔地へと運ばれたことを示す資料となっている。

図 32 ● 滑石製石鍋（口径 24 cm）
九州から近畿地方にかけての西日本を中心に、関東や東北地方でも出土している。

図 33 ● 頁岩製砥石
刃物の仕上げ砥石。大部分は鳴滝などの山城産。

同じく石製品としては、刃物を研いだり、漆器の下地を整えるための砥石《といし》も、中世にはすでに各地の特産品が成立し、広範に流通していたことが明らかになってきた。草戸千軒の集落にも、山城《やましろ》（京都府）の鳴滝《なるたき》（図33）、伊予《いよ》（愛媛県）の砥部《とべ》、肥前《ひぜん》（長崎県）の大《おお》村《むら》・笹口《ささぐち》、そして対馬《つしま》（長崎県）（図38―3参照）などに比定できる製品がもたらされており、用途に応じて使い分けられていた。

東アジアに広がる流通網

さらに、中国大陸や朝鮮半島で生産された陶磁器も、予想を上回る量が出土した（図34―1・2）。

一般的に、舶来の陶磁器は中世には高級品であり、限られた階層の人びとだけのものであったと考えられがちであった。ところが、遺跡内のほとんどの地区から輸入陶磁器は出土しており、舶来の陶磁器が集落の人びとの生活に深く浸透していた事実が明らかになったのである。

1　中国産白磁四耳壺（高さ32cm）

2　中国産青磁碗（口径16cm）
龍泉窯一帯で生産されたもの。

3　ベトナム産白磁碗（口径17cm）

図34 ● 中国やベトナムからきた陶磁器

たしかに、大型の壺《つぼ》や瓶子《へいし》といった座敷を飾る陶磁器、あるいは茶の湯に使う陶磁器などは、高価な調度品とみなされていたことを文献からも知ることができる。しかし、青磁《せいじ》碗や白磁《はくじ》皿といった食膳具は、瀬戸内沿岸の集落に暮らす人びとにとって、けっして手の届かない高級品ではなかったと考えるべきだろう。また、ベトナムをはじめとする東南アジアの陶磁器がもたらされていたことも明らかになってきた（図34―3）。

草戸千軒に暮らした人びとが、こうした広範な流通網の存在をどの程度意識していたかは明らかではないが、人びとの生活が、東アジア世界へと広がる大きなネットワークのなかにとり込まれていたことは間違いない。

活発な取引

従来、日本の中世社会は農業を基盤とする自給的な社会であると考える傾向が強かった。すなわち、当時の日本列島の多くの地域は、寺社や有力貴族などのいわゆる権門によって荘園・公領といった単位に分割領有され、必要とする物資はそれぞれの領有単位ごとに自給するのが基本であると考えられていた。

ところが、草戸千軒町遺跡から出土するさまざまな地域からもたらされた製品は、当時の生活物資の動きが、けっして荘園や公領ごとに閉ざされたものではなかったことを示している。さらに、生活物資の動きは、各地の荘園・公領から年貢などとして中央に向かう貢納物とは異なる動きをしており、これらの多くは商品として取引されたとみなすことができる。

そして、活発な商品の流通を可能にするためには、物資の輸送を支える交通網や、船舶などの交通手段の発達、円滑な流通を支えるための商人・輸送業者・金融業者らのネットワークの形成、そして貨幣経済の進展など、さまざまなシステムが必要になる。当然、日本の中世にはこうしたシステムが整えられていたと考えなければならず、中世の社会全体の枠組みの見なおしをうながすことになったのである。

2　木簡が語る経済活動

商業活動の二つのピーク

草戸千軒においてくり広げられていた経済活動を、具体的に復元するための重要な手がかりが、遺跡から大量に出土した木簡である。木簡の出土する時期には、大きく二つのピークがある。

最初のピークは一四世紀第2四半期で、代表的な資料は「中心区画」内の廃棄土坑から出土した木簡である。第二のピークは一五世紀後半で、「中心区画」の東側に隣接する掘割や土坑などから出土した木簡である。

変わってゆく木簡の形

木簡の形態は、最初のピークでは短冊形の板の上部に切り込みを入れたものが大部分を占めている（図35左）。この形状は、古代に多く使われた貢進物《こうしんぶつ》木簡、つまり税を都に送る際の付札として使われた木簡の伝統を引くもので、草戸千軒で活動した商人たちにも、古代の律令政府における木簡の伝統が引き継がれていたことがわかる。

ただ、その記載内容は貢進物木簡とは異なり、きわめて断片的なものが多い。たとえば日付を書き込むのに、年号や干支を明確に記すものは少なく、十二支と月日を記すものや、月日のみを記すものが多い。こうした断片的内容しか記されなかった理由の一つは、草戸千軒の木簡が長期間保存することを目的に作成されたものではなく、当事者が一時的に参照するメモのような役割をもっていたことにあると思われる。

一方、一五世紀後半に位置づけられる第二のピークになると、木簡の形態は一変する。この時期に中心を占めるのは、角柱状の棒の一端に穿孔したものである（図35右）。一四世紀後半における集落の停滞を境に、集落の様相が変化したことを前述したが、商人・金融業者が利用

図35 ● **短冊形の木簡**（左）**と角柱状の木簡**（右）
左の短冊形の木簡は、14世紀前半の廃棄土坑から出土。「さかへ（坂部）のをと二郎（乙二郎）」に十月を期限に銭を貸し付けたことを記す。坂部は現在の福山市津之郷町坂部に比定できる。右の角柱状の木簡は、掘割から出土。15世紀後半。右側の側面に「つほ（壺）」が307文で取引されたことが記されている。

した木簡の形態にもそうした変化はおよんでいるのである。

新たに登場する角柱状の木簡は厚みがあるため、表面をくり返し削って再利用することができ、実際の出土資料からもそうした利用法をうかがうことができる（図36）。ただ、短冊形の木簡にくらべて角柱状の木簡は文字を書くためのスペースが狭く、記載内容はますます断片的なものになっている。

こうした木簡の形態の変化は、木簡の利用者たちが古代以来の木簡の伝統から脱却し、実際の使用法に即した、より使いやすい形をもとめていった結果とみなすことができるだろう。同時に、集落の停滞期を境に、草戸千軒の集落における商業・金融業のにない手が交替した可能性も検討してみなければならない。

木簡に書かれたこと

前述のように、木簡の記載内容は断片的なものであり、そこから作成者の行動の詳細を復元することは困難である。

「米」「麦」「豆」といった穀類や、「味噌」「酒」「串柿」といった加工食品などの名称、そして「三斗二升四合」「百七十八文」など取引された物資の量や銭の額、あるいは「彦五郎」「弥五郎」といった人名、「坂部」「津之郷」「木之庄」といった地名などが、断片的に書き連ねられて

図36　くり返し利用された木簡
記載面を再利用したため、下端部が薄くなっている。15世紀後半の溝状遺構から出土。「う山」という記載がある。これは福山市春日町宇山に比定できる。「宇山」は、備後守護山名是豊から渡邊氏に与えられた所領の一つ。

いるにすぎない。

しかし総合的に判断すると、これらの木簡が農作物や食品などの商品取引、あるいは銭の貸し借りや税の納入といった金融取引などに関係して作成されたものと判断できる。

つまり、木簡の記載からは、「中心区画」を拠点に、商品・金融取引、そして食品醸造などに多角的にかかわる人物が存在したこと、そして草戸千軒の町がそうした経済活動の場として成立・発展したことが明らかになるのである。

3 人びとの生業

このように草戸千軒の集落は、東アジア世界におよぶ大きな流通圏にとり込まれ、活発な商品・金融取引のうえに成り立っていたことが明らかになってきた。そのような集落を拠点に活動する人びとは、どのような生業に従事し、日々の生活を送っていたのであろうか。遺跡から出土した集落住人の生業活動を示すさまざまな資料がある。そこから人びとの生業についての手がかりを探ってみよう。

商人たち

出土した木簡から、集落において商品の取引や銭の貸し借りがおこなわれていたことが復元できることは、前に述べたとおりである。

亀山焼の甕のなかから、一万二九五一枚もの緡銭《さしぜに》がおさめられた状態でみつかっている（図37）。緡とは、一〇〇枚の銭を紐に通した単位を意味する。まとまった銭をあつかう人物が集落に存在していたことがうかがえる。こうした経済活動に従事した人びとが、この集落の住人の中核的な存在であったと考えられる。

そうした人びとが、当時なんとよばれていたのかは確定できない。ただ文字資料からは、鎌倉時代には「借上《かしあげ》」、室町時代には「土倉」とよばれる金融業者が存在したことが知られており、この集落もそうした業種に相当する人びとの活動拠点だったに違いない。そのことは、第２章で紹介した「いまくらとの」といった木簡（図19参照）の記載からも想定できるところである。また、商品・金融取引を記した木簡のなかには、味噌の原料となる豆や麦の取引を記したものが含まれていることから、食品加工や醸造業などにもたずさわっていた人びとがいたことが知られる。

多くの職人たち

塗　師　遺跡からは多数の漆《うるし》塗りの道具が出土している。これらも住人の性格を示す資料として重要である。下地を整える砥石、漆容器、漆塗りのへらや刷毛など、

図37 ● **銭を保管した甕**
おさめられていた緡の銭は、100枚ではなく97枚だったことが明らかになった。

1　漆工用のへら

2　漆の入った土器　なかに漆と砥石が入っている。

3　泥岩製砥石　漆器の下地を整えるために使用。対馬産。

図 38 ● 漆塗りの道具

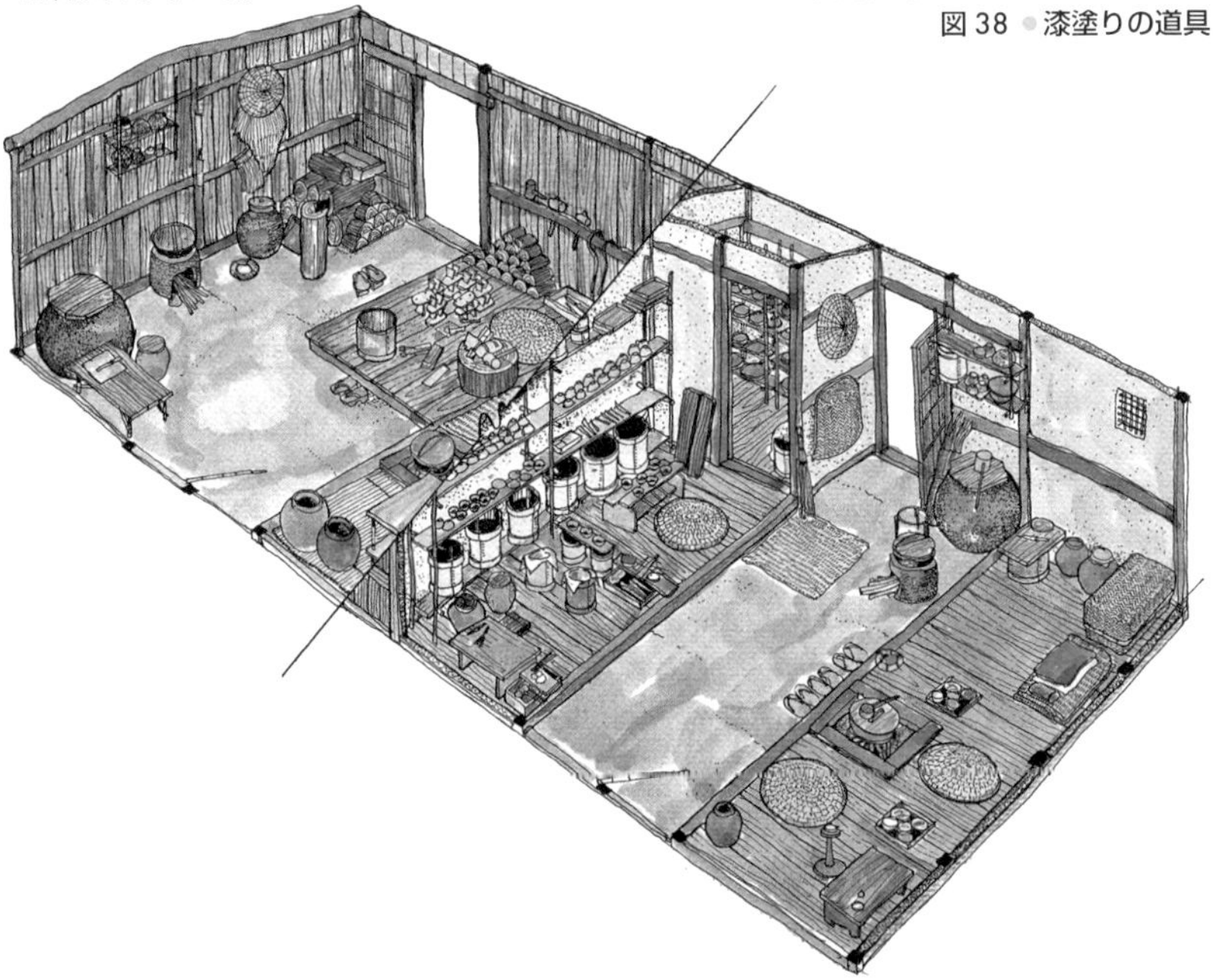

図 39 ● 塗師の家の想定復元図
奥は、足駄づくりの家。

漆工の各工程で使われる道具が含まれており（図38）、この集落に塗師《ぬし》とよばれる職人たちが暮らしていたことが明らかになった（図39）。

道具ばかりでなく、製品としての漆器も出土している（図40）。とくに椀・皿などの食膳具が多数出土しており、集落住人の日常的な食膳具として普及していたことがわかる。また、漆器には鳥や植物などをモチーフにした文様が描かれているが、その様式は非常に洗練されており、この集落で活動した塗師たちの技術の高さが示されている。

鍛冶職人　鍛冶《かじ》に関する道具も出土している（図41）。鉄製品を鍛える際に出る鉄滓《てっさい》や、鞴《ふいご》から炉に空気を送る送風管の先端に装着する羽口《はぐち》などの出土品のほか、炉跡と考えられる遺構も見つかっている。

鍛冶のなかには、建築現場を移動しながら釘や工具などの製作・修理に従事したものもいたであろうから、鍛冶関係の遺構・遺物の出土がそのまま鍛冶職人の居住を示しているとは限らない。ただ、室町時代の刀剣に記された銘から草戸を根拠に活動した「法華一《ほっけいち》乗《じょう》」とよばれる刀工の一派がいたこと

図40 ●漆器の椀（上）と皿（下）

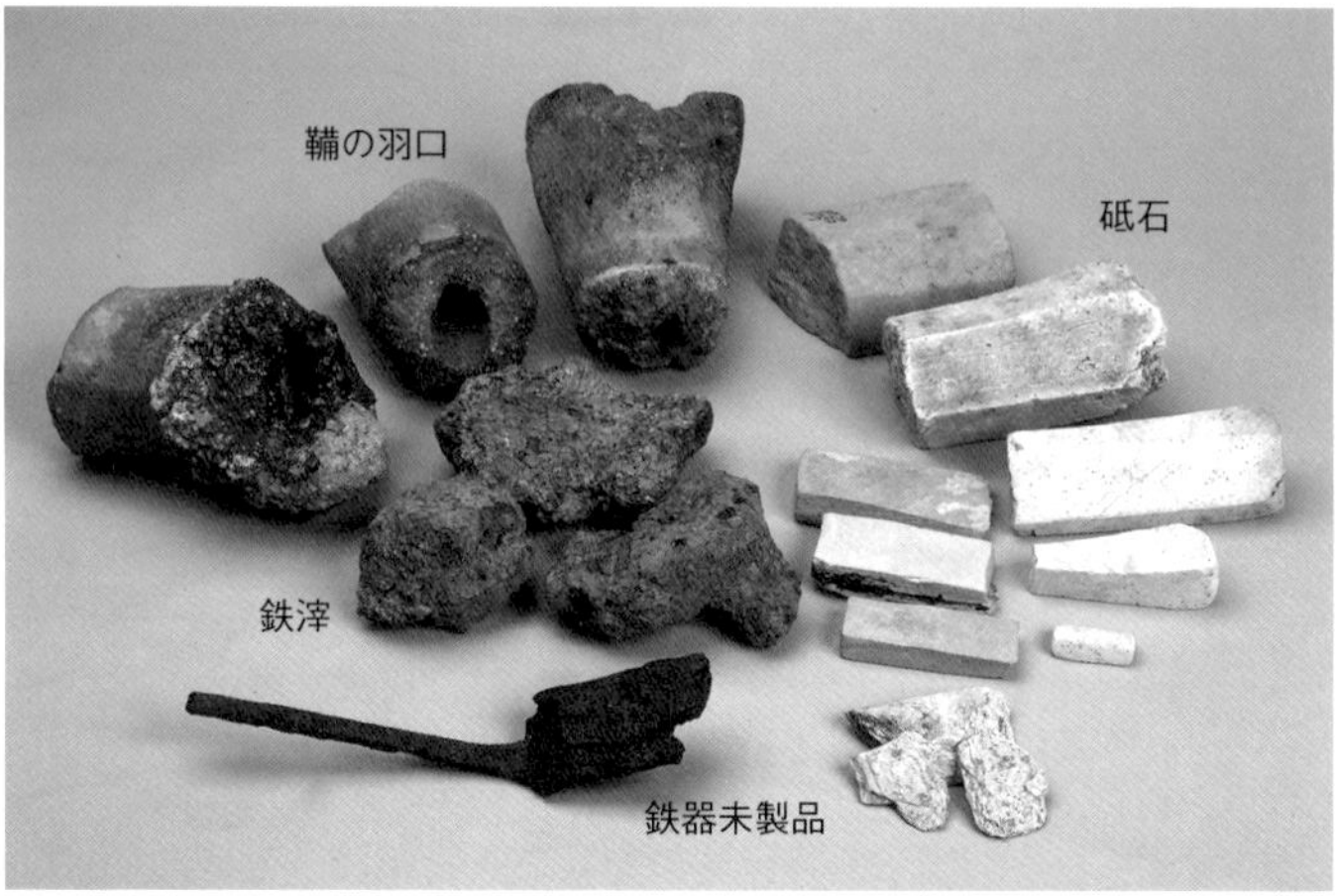

図 41 ● 鍛冶関係の遺物

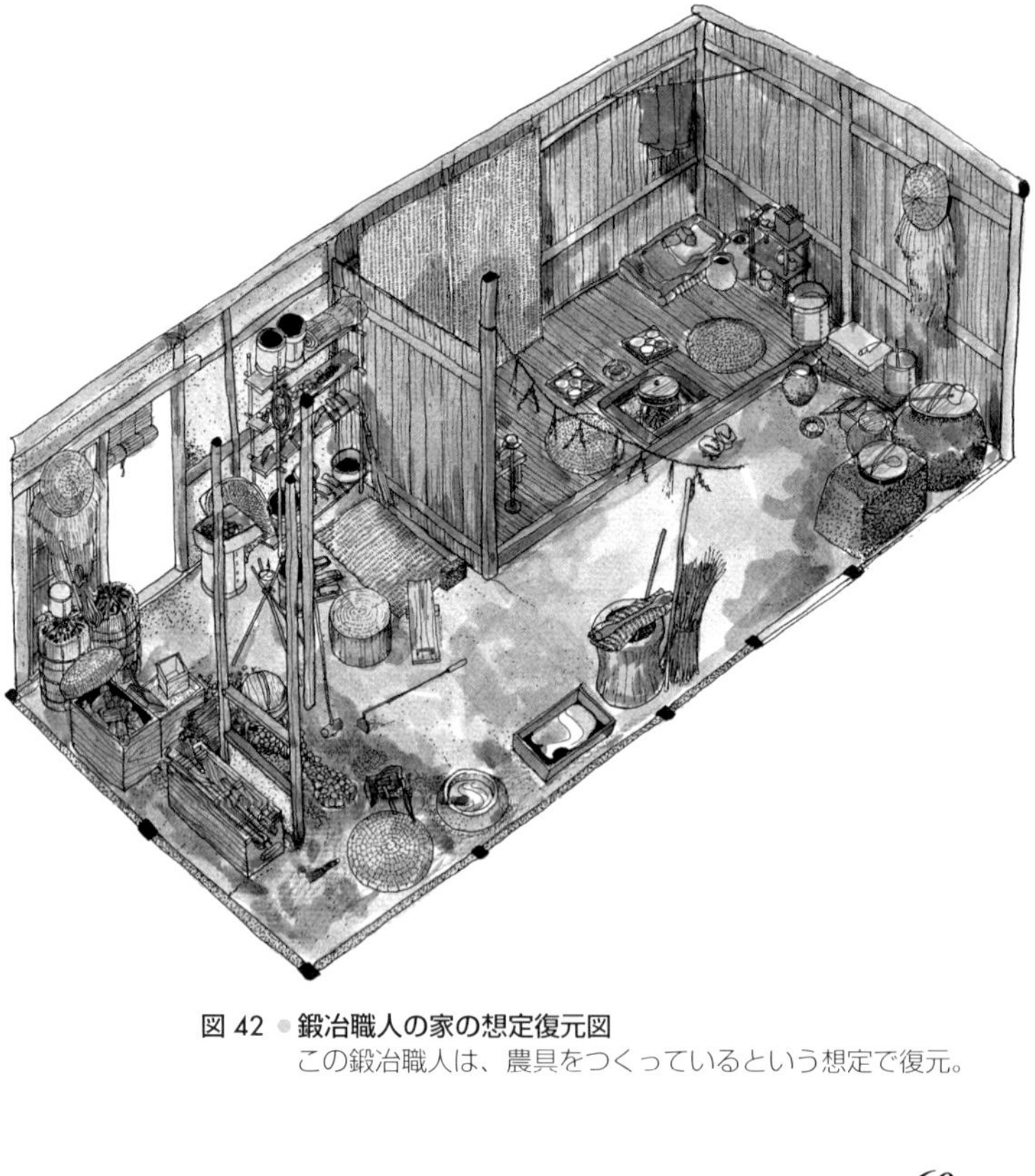

図 42 ● 鍛冶職人の家の想定復元図
この鍛冶職人は、農具をつくっているという想定で復元。

がうかがえる。このことから、鍛冶職人が居住していた可能性も十分に考えられる（図42）。

番匠　さらに、鋸《のこぎり》・鑿《のみ》・錐《きり》・手斧《ちょうな》といった大工道具も出土しており、番匠《ばんしょう》とよばれた建築に従事する職人の存在も確認できる（図43）。とくに、鎌倉時代の遺構から出土した木の葉形鋸は、大工道具の研究にとっては重要な発見となった（図44）。

木の葉形鋸は中世に数多く制作された寺社縁起絵巻にしばしば登場するが、その後こうした形態の鋸は消滅し、現代にはまったく伝えられていない。ところが、草戸千軒町遺跡でこの鋸が出土したことにより、絵巻に描かれたとおりの鋸が存在したことが実証されたのである。神戸市の竹中大工道具館で実施された復元実験によって、その機能や性能も明らかにされている。

図43 ● 番匠の作事場の復元
出土した大工道具や木製品に残された加工痕によって、番匠の作業の様子や木材加工技術の実態が明らかになった。

図44 ● 木の葉形鋸の出土状況（上）**と復元品**（下）
（刃部の長さ 36㎝）
鎌倉時代に築かれた石積基壇墓をめぐる溝のなかから出土。
横挽鋸として使用されたと考えられている。

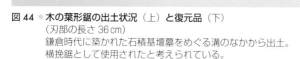

農業・漁業にたずさわる人びと

以上のような手工業や商業・金融業という第二・三次産業に関係する遺物の出土は、この集落の経済拠点としての性格を示している。しかしその一方では、漁業や農業といった第一次産業に関係する資料が出土していることも見のがせない。

もっとも目立つのは、漁網に付ける「沈子《いわ》」とよばれる土製の錘《おもり》や、「浮子《あば》」とよばれる木製の浮きである。また釣針も出土しており、人びとが漁業にも関与していたことがうかがえる（図45）。

当時は、集落のすぐ近くに芦田川や瀬戸内海の水面が広がっていたはずで、そこから得られる豊富な魚介類は、集落の人びとの食卓をいろどる食材として重要だったに違いない。マダイ・クロダイ・ハモ・ブリ・スズキといった魚骨が多数出土することも、集落の住人が豊かな水産資源の恩恵を受けていたことを示している。

また、鋤《すき》・鍬《くわ》・鎌《かま》・犂《からすき》などの農耕具も出土しており、中世の農具の姿を具体的に知ることのできる資料となっている。さらに、布や藁を打ってやわらかくするための砧《きぬた》や、薦《こも》を編むための錘、あるいは糸を紡ぐための手摺錘《てすりつむ》や糸巻など、農業副産物に関係する道具も多数出土している。

土製の漁網錘
（長さ 4.7 cm、重さ 39 g）

木製の浮き（長さ 13.8 cm）

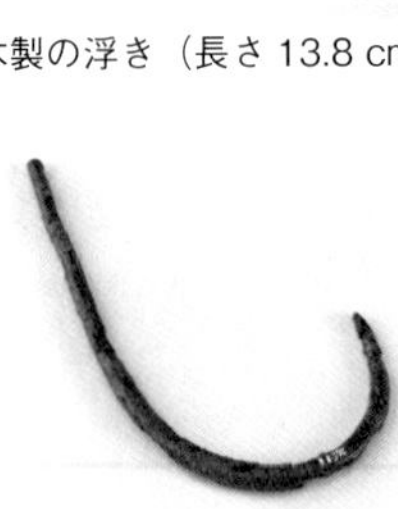

釣針（長さ 7.2 cm）

図 45 ● 漁業の道具

第二・三次産業のみならず、第一次産業に関連する遺物が出土していることは、ある意味では、中世において諸産業が未分化であったことを示しているとも考えられるだろう。しかし一方では、この集落が多様な生業に従事する人びとを吸引していたという見方もでき、そこにこの集落の都市性を見いだすことも可能である。

4　暮らしのなかの道具

考古学から生活用具をみる

中世の生活用具の実態を文字資料から解明することはむずかしい。文字資料に道具の名称が記録されていても、それが具体的にどのような形態の道具なのかを明らかにするのがむずかしいからである。そこで、以前はもっぱら絵巻物などの絵画資料を中心に研究が進められてきていた。ただ、絵画資料にはデフォルメなどもあり、描かれた情景が、かならずしも当時の実態を反映しているとは限らない。また、描かれた情景の年代を特定しにくいという問題もあった。

それに対して、遺跡からの出土資料は当時使われた用具の実物を把握できる点や、いっしょに出てくる遺物からその年代を明らかにできる点、さらには資料の材質や加工技術を明らかにできる点などにおいて、生活用具の研究を大きく進展させる可能性をもっている。しかし、土器・陶磁器にくらべると、それ以外の遺物の研究はおくれているのが現状である。

木製品研究の重要性

土器・陶磁器以外の生活用具の研究がおくれていることの原因はいくつか考えられるが、その一つとして、資料の扱いにくさをあげることができるだろう。

中世の生活用具の素材として多く利用されているのは木材であるが、木材を利用した製品、つまり木製品は、土器・陶磁器や石製品などにくらべて土のなかで朽ちやすい。そのため、草戸千軒町遺跡のような地下水の豊富な環境にある遺跡でないと、まとまった資料を得ることはむずかしい。地下水に恵まれた遺跡では、木製品をはじめ動植物遺存体など、いわゆる有機質の遺物が、水を含んだ粘土層によって空気から遮断された状態に保たれ、資料が腐敗・腐朽から守られるのである。

しかし、有機質の遺物をいったん遺跡からとり上げて乾燥させると、急速に劣化が進む。そのために、資料を水漬けの状態で保管したり、理化学的な保存処理をすることが必要になる。水漬け状態の資料にはカビや藻が発生することがあるため、定期的に水を交換しなければならないし、理化学的な保存処理は専門機関に依頼する必要がある。つまり、有機質の遺物を良好な研究資料として保管するためには、多くの手間や経費が必要なのである。こうした資料の特質が木製品研究への関心を阻害し、研究の停滞を招く一つの原因になっていると考えられる。

幸いなことに、草戸千軒町遺跡では地下水に守られて豊富な木製品が出土しただけでなく、単一の研究機関によって調査が継続されたので、調査後の木製品を保管するためのノウハウが確立され、良好な資料が研究材料として蓄積されることになった。そうした資料の研究によって得られた成果として、ここでは日本の伝統的な木製容器である桶の発展過程をとりあげてみたい。

桶の発展過程

桶は、円筒形の胴部に円形の底板をはめ込んだ木製容器である。現在では桶というと、短冊形の側板《がわいた》を組み合わせ、箍《たが》で締めたものをさすのが一般的だが、これは「結桶《ゆいおけ》」とよばれる種類の桶である。このほかにも、ヒノキなど針葉樹の薄板を丸めてサクラの皮で綴じた「曲桶《まげおけ》」（図46）や、丸太材をくり抜いたものを胴部とする「刳桶《くりおけ》」などがある。

中世を通してもっとも多く利用された桶はおそらく曲桶で、おもに中・小型容器として利用されていた。直径・高さが一メートルにもなるような大型品は少ないが、これは胴部に薄板を利用しているために、木材の直径に板材の幅が制約されるのと、十分な強度が得られないためである。これに対して、刳桶は径の大きな丸太が用意できれば大型品の製作も可能である。ただ、内側をくり抜くために無駄が多いとともに、重くなるという欠点があった。

こうした曲桶・刳桶の欠点を補うものが結桶である。短冊形の板（側板）を組み合わるため（図47）、側板の枚数をふやすことによって大型品の製作も可能で、必ずしも径

図46 ● **曲桶**（高さ27.7cm）
中型の桶。胴部を補強するために2枚の薄板を重ねている。

の太い丸太を必要としない。木材資源を、有効に利用することができるのである。ただ、側板相互の密着性を高めないと、内容物が漏れてしまう。そこで、一枚一枚の側板を正確に加工する高度な技術が必要となる。

従来の絵巻物を中心とする研究では、鎌倉時代末から南北朝時代までの作品にはもっぱら曲桶のみが描かれ、これ以後、しだいに結桶の描かれる場面がふえてくることが明らかにされていた。草戸千軒町遺跡でも、結桶は鎌倉時代後期に出現し、室町時代になると急速に普及することが具体的な出土資料によって明らかにできる。

また、出土した結桶側板の側面を観察すると、鎌倉時代の製品には鉇《やりがんな》による加工痕が残るが、室町時代のものになると現在の結桶製作に使われる正直鉋《しょうじきがんな》とよばれる工具によく似た加工痕へと変化していることが確認できる（図48）。このことから、室町時代における結桶普及の背景には加工具の変化があったことが想定できるようになった。正直鉋に類した工具が室町時代に出現したことによって側板側面の正確な加工が可能になり、これが結桶の量産と普及を進めることになったと考えられるのである。また、結桶の構造をもつ井戸枠（図49）も鎌倉時代後期にあらわれ、室町時代に増加する。これらの井戸枠には

図 47 ● 結桶の側板（長さ 15cm）
内面（左）には、底板の痕跡、外面（右）には、箍（たが）の痕跡が残る。

底板の痕跡がなく、当初から井戸枠として製作されたものと考えられるが、その構造は結桶に共通しており、これらが室町時代に増加することにも結桶製作技術の発展が示されている。

底の抜けた刳桶を井戸材に転用したもの（図50）も八例ほど確認できているが、いずれも一三世紀末から一四世紀初頭にかけてのものに限られている。つまり、この時期に刳桶が集中的に廃棄され、井戸材に転用されたことになる。刳桶は、径が五〇～一〇〇センチの大型品であることから、大型の刳桶が不要となるような出来事が、この時期に起こったと考えざるをえないのであるが、これが集落における結桶の出現を示していると考えられるのである。つまり、大型品を効率的に製作できる結桶が登場したために、それまで利用していた刳桶がつぎつぎと廃棄されていったのであろう。大型の結桶はこれ以降出土量が増加していくが、刳桶はまったく出土しなくなる。大型の桶が、刳桶から結桶へと交代したことが想定できる。

ちなみに、日本列島に結桶が出現するのは一一世紀中頃から後半にかけてのことと考えられ、博多・大宰府といった北部九州地域の井戸材として出現することが明らかになっている。しかし、その後一二世紀にかけては他地域には拡散せず、その分布は北部九州地域にとどまっ

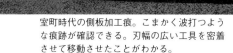

鎌倉時代の側板加工痕。細長い削り痕が重なり、鉋によって加工されたとわかる。

室町時代の側板加工痕。こまかく波打つような痕跡が確認できる。刃幅の広い工具を密着させて移動させたことがわかる。

図48　側板の加工痕

ている。やがて、一三〜一四世紀になると、草戸千軒町遺跡に見られるように、瀬戸内地域から東へと分布域を広げ、室町・戦国時代以降は東日本を含めた地域に急速に普及することになる。

図 49 ● 結桶構造の井戸枠
底板をはめられた痕跡がなく、当初から井戸枠としてつくられたと考えられる。

図 50 ● 刳桶を利用した井戸の調査状況
井戸枠に転用された刳桶は、いずれも直径が50 〜 100㎝の大型品。

桶の事例が示すように、草戸千軒町遺跡から出土した多様な木製品は、それまで断片的、あるいは間接的にしか知ることのできなかった中世の生活用具の変遷過程やその社会的背景を、具体的な資料とともにわたしたちの前に提示しているのである。

さまざまな木製品

このほかにも、生活のあらゆる領域におよぶ道具類が出土している。たとえば、装身具である櫛《くし》は、歯の間隔が非常に密につくられたものが出土しており、現在では再現できないほど高い技術でつくられたものであった（図51）。

履物《はきもの》である下駄《げた》や板金剛《いたこんごう》からは、町に暮らす人びとの足元をどのような履物が支えていたかがわかる（図52）。もっとも多く出土している履物は板金剛という現代のスリッパに相当する草履《ぞうり》の一種で、藁《わら》や藺草《いぐさ》で編んだ草履の芯板の部分が出土している。また、下駄には一枚の材から歯をつくり出した連歯《れんし》下駄と、歯の部分に別材を差し込んだ差歯《さしば》下駄とがある。

いっぽう、農具の一種類として穀物の脱穀などに用いる杵《きね》には、竪杵と横杵の両者が出土している（図53）。一本の木を加工した竪杵は、弥生時代以来使われてきたもので

図51 ● 横　櫛

連歯下駄　差歯下駄　板金剛

図52 ● 履　物

あるが、太くて重い胴に柄を取り付けた横杵は江戸時代にならないと登場しないと考えられてきた。しかし、草戸千軒町遺跡では鎌倉時代後期の井戸から横杵が出土しており、定説を大幅にさかのぼる時期に、すでに横杵が存在していたことが明らかになっている。

このほか、独楽《こま》・羽子板《はごいた》・毬杖《ぎっちょう》（現在のゲートボールのように、スティックで木製の毬《きゅう》を打ちあう遊戯）などの遊戯具も出土しており（図54）、正月の子どもの遊びとして伝わるさまざまな遊戯が、中世には庶民に広く普及していたことがわかる。

図53 ●竪杵（上）と横杵の出土状況（下）

▶独楽

羽子板

毬杖と毬

図54 ●さまざまな遊戯具

5　伝統文化の形成

日本の伝統文化のルーツ

日本の伝統的な生活文化の基盤は、室町時代に形成されたといわれる。住宅建築の様式である書院造や、そこを舞台に発展した茶・花・香、あるいは連歌・能楽といった芸術・芸能など、枚挙にいとまがない。こうした伝統文化の多くは、中世民衆の生活文化のなかにそのルーツを見いだすことができ、それが武家・公家の社会にとり込まれ、あるいは武家・公家の文化と相互に作用するなかから、より洗練された形式に整えられていったと考えられている。

この分野でも草戸千軒町遺跡の出土資料は多くの貴重な手がかりを提供することになった。

闘茶札

現在の茶の湯は、千利休《せんのりきゅう》が大成した侘茶《わびちゃ》が主流となっているが、鎌倉時代後期から南北朝時代にかけては、もっぱら「闘茶《とうちゃ》」とよばれる茶会が催されていた。闘茶は、茶の銘柄を飲み当てることを競った遊びで、唐物《からもの》とよばれた高価な舶来品などを賭《か》けることも流行した。その際に使われた木札が、闘茶札である（図55）。

鎌倉時代末頃の池状遺構からは、短冊形の木札の両端に「本・非」「一・二」「都・鄙」と記したものや、駒形や菱形の小さな木札に「二」「客」と記したものなどがまとまって出土している。短冊形の木札は、京都栂尾《とがのお》産の本茶とそれ以外を二者択一で選ぶ「本非茶勝負《ほんぴちゃしょうぶ》」とよばれる茶会で利用されたものと考えられる。また、「一・二・三・客」の四種類の違いを競う「四種《よんしゅ》十服《じっぷく》」あるいは「三種一客」という方法もあり、これに「一」「二」「客」といった札が使われたのであろう。

闘茶札が出土した池状遺構は、第2章で説明した「中心区画」の一角に位置しており、この区域の住人が、当時流行していた遊びに興じていたことがわかる。

聞香札

室町時代になると闘茶はすたれ、茶の湯は侘茶への道を歩むことになる。それにかわって登場してくるのが「聞香《もんこう》」である。聞香とは、香木を焚いた香りによって、その香木の種類を当てる遊びで、闘茶の「四種十服」と同様に、四種類の香木を「一・二・三・客」の札で当てる「十種《じっしゅ》香《こう》」という方法があったことが知られている。この聞香に使われる木札が、聞香札である。

聞香札が発見されたきっかけは、遺跡南部の方形居館内に位置する戦国時代初期の石組井戸

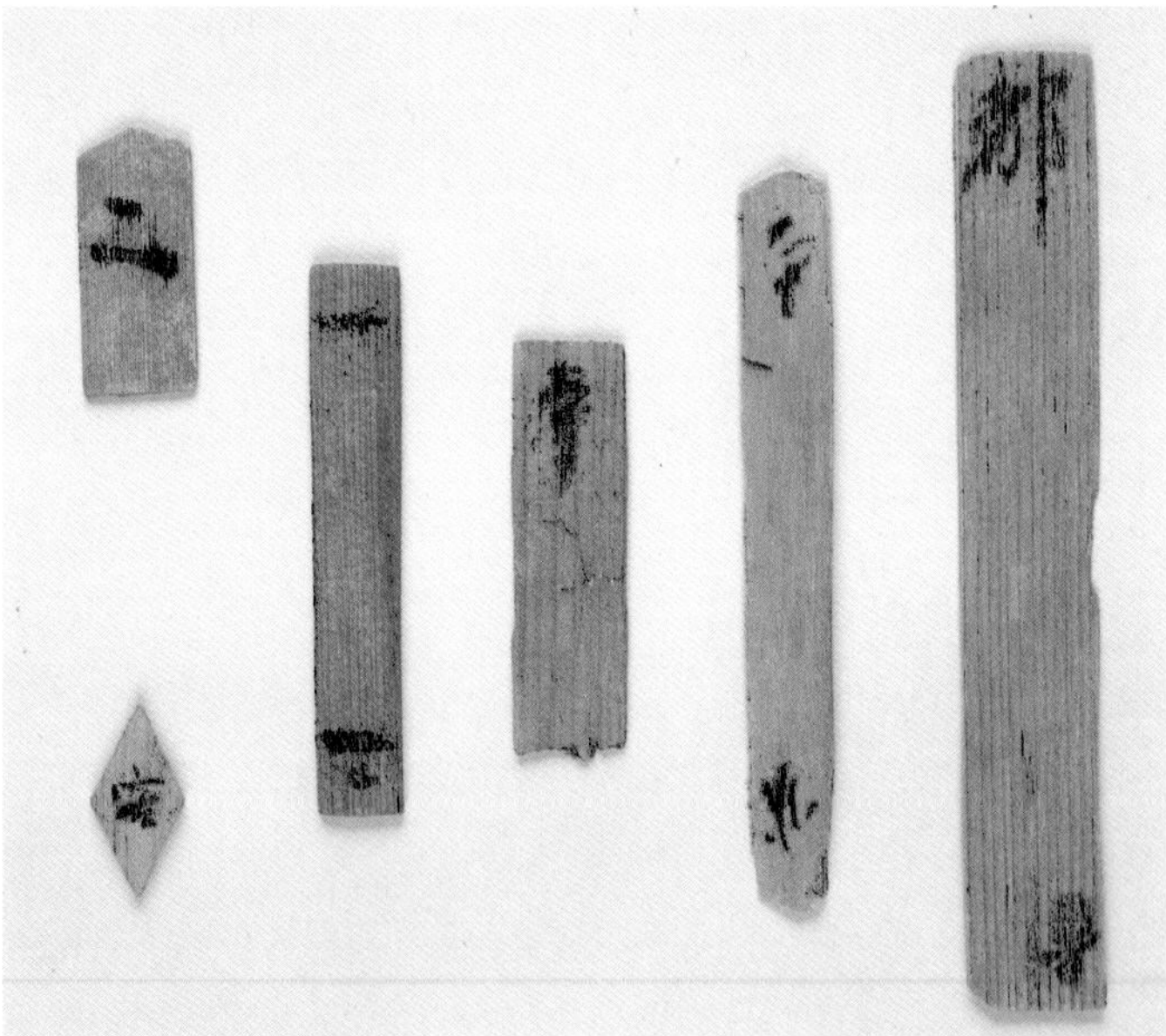

図55 ● 闘茶札
短冊形の札は「本非茶勝負」、駒形・菱形の札は「四種十服」に使われたもの。

から、駒形や方形の木札に「一」「二」「三」「ウ（客の略字）」「すま」「あふひ」「はゝきゝ」などと書かれたものが出土したことにある（図56）。発見当初はこれらも闘茶札かと思われたが、この時期には闘茶が衰退していることや、同じ遺構から瀬戸焼の香炉の破片が出土していることから、聞香札の可能性が検討されたのである。さらに重要なことは、『源氏物語《げんじものがたり》』の帖名にあてられる「須磨《すま》」「葵《あおい》」「帚木《ははきぎ》」などと記された札が含まれていることである。

現代にも伝わる香道の遊び方の一つに、「源氏香」とよばれるものがある。これは五種類の香木から選ばれた香を五回聞いて（香道の世界では、香を鑑賞することを聞くという）、その五二通りの組み合わせをそれぞれ源氏物語の帖名にあてるものである。成立したのは、江戸時代前期のことといわれている。ただ、「源氏香」という名称そのものは、戦国時代に関白・太政大臣を務めた近衛政家《このえまさいえ》の日記『後法興院記《のちのほうこういんき》』の一五〇一年（文亀元）八月一四日の条にすでに登場し、このころの公家が十種香とともに源氏香という方法でも聞香を楽しんでいたことがわかる。しかし、源氏香の具体的な方法については記されていない。

源氏香というからには、『源氏物語』がな

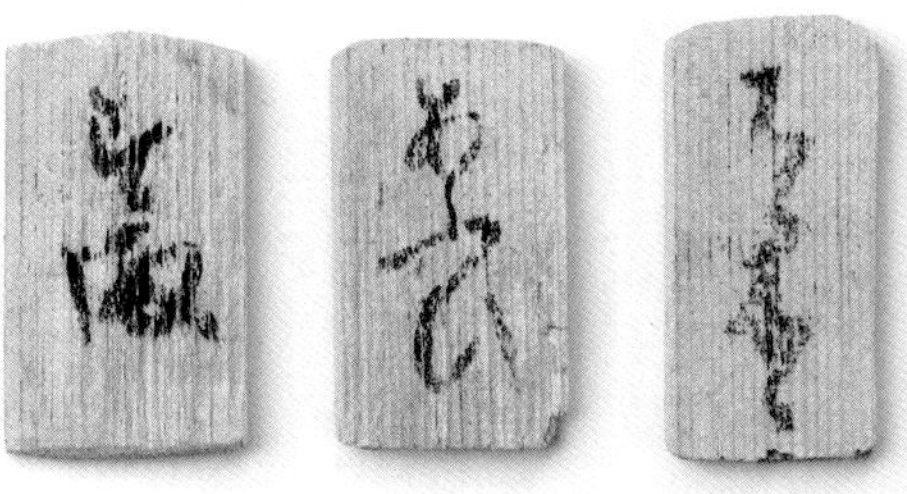

左から「すま」「あふひ」「はゝきゝ」の文字が記されている。

図56 ● 聞香札（上）と出土した井戸（下）

んらかのかたちで関与していたものと思われる。そこで、井戸跡から出土したような『源氏物語』の帖名を記した札が使われる香席《こうせき》が催されることがあり、これが源氏香とよばれたのではないかと考えたのである。おそらく、基本的には十種香と同じ方法で香を聞き、参加者を特定するために『源氏物語』の帖名を記した札が使われたものと思われる。この推定が正しければ、備後の一集落である草戸千軒においても、京都の公家とそれほど違わない時期に源氏香を楽しんでいたことになる。

聞香札が出土した石組井戸のある方形居館は、第2章で述べたように、備後渡邊氏の居館であった可能性が高い。井戸の埋められた時期は一五世紀末頃で、この時期の当主は四代目の渡邊兼であったと考えられる。兼は、備後守護の山名俊豊に従って将軍義材による近江六角氏討伐に従軍するなど、京都方面にたびたび赴いたことが『渡邊氏先祖覚書』には記されている。おそらくは、そうした京都滞在の経験から、都の文化をいちはやく地方にも紹介することになったのであろう。

闘茶や聞香の例が示すように、中世の生活文化が地方においてどのような展開を見せていたのかといった問題は、資料的な制約から明らかでない部分が多い。そうした資料の空白を埋める資料として、草戸千軒町遺跡の出土資料は重要な役割をはたしている。残されている厖大な出土資料の分析・研究をさらに進めることによって、今後さらなる事実が明らかになる可能性もある。

第４章　内陸と瀬戸内をつなぐ町

1　古代の芦田川河口地域

水陸交通の結節点

芦田川中流にある府中市は、古代備後国府の所在地に比定されており、市街地一帯で国府関連の遺構を確認するための発掘調査が継続され、備後国府跡として国の史跡に指定されている。

古代の国府は中世になると府中とよばれるようになり、引きつづき備後地域の政治・経済の中心としての役割をはたしていた。ただ、内陸部に位置するため、当時の交通の大動脈である瀬戸内海にアクセスするためには、芦田川沿いの河川交通や陸上交通を経由して、福山湾岸で海上交通に乗り換える必要があった。古代以来、福山湾岸にはそのための港湾施設がいくつか存在していたようである。

そうした港湾施設の存在をうかがわせるのが、現在も福山市内に残る「深津《ふかつ》」「奈良津《ならづ》」「吉《よし》津《づ》」「津之郷《つのごう》」といった「津」の付く地名である（図57）。

たとえば、「深津」という地名は、平安時代初期に成立した説話集として知られる『日本《にほん》霊異記《りょういき》』に「深津市《ふかつのいち》」として登場する。説話のなかでは、現在の府中市から福山市新市《しんいち》町あたりの芦田川中流域の人びとが、正月に必要な物資を調達するための「市」として描かれ、瀬戸内海の対岸にある讃岐《さぬき》国（香川県）の商人も訪れていた。

ここには、福山湾岸の港湾が芦田川流域の人びとにとっての交易拠点として重要な役割をはたしていたことが端的に示されている。

福山湾岸の古代寺院

「津」のつく地名とならんで古代における福山湾岸の重要性を示すのが、宮《みや》の前廃寺《まえはいじ》・和光《わこう》廃寺といった古代寺院跡の存在である。

宮の前廃寺は福山市蔵王《ざおう》町にある奈良時代から平安時代の寺院跡で、数次にわたる発掘調査によって塼《せん》積・乱石《らんせき》積の基壇をもつ塔・金堂跡が明らかになっている。前述の「深津市」の比定地にも近接しており、国府の津である「深津」、国府の市である「深津市」に関係する寺院であったとも考えられている。

また、和光廃寺は福山市津之郷町にある平安時代の寺院跡である。元の位置を移動した塔心礎が存在するほか、付近からは瓦や九輪《くりん》・風鐸《ふうたく》の破片などが出土しているが、伽藍の規模や配置は明らかではない。寺院跡南方の低地には、越州窯《えっしゅうよう》系青磁・緑釉陶器などが出土したザブ

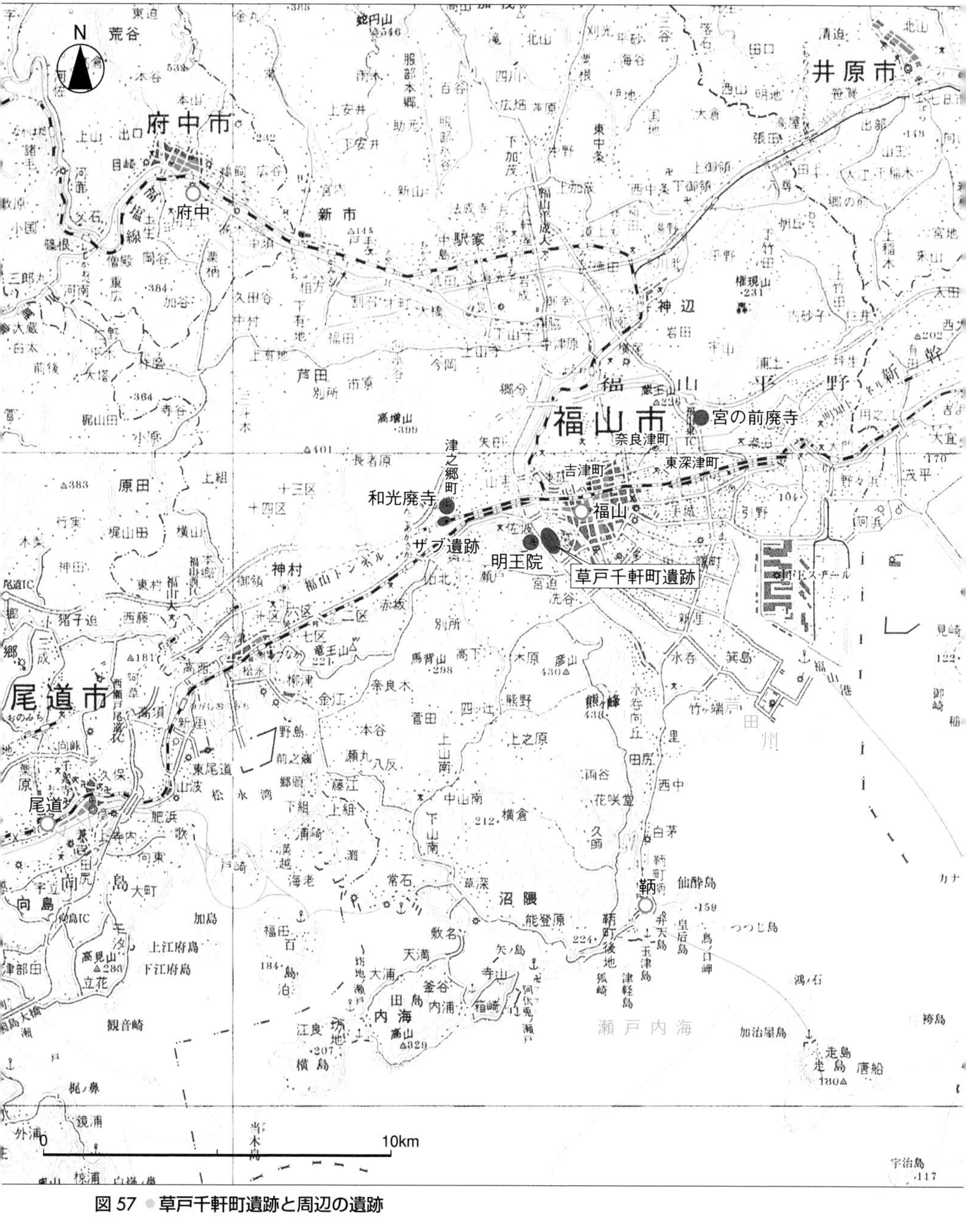

図 57　草戸千軒町遺跡と周辺の遺跡

遺跡が存在する。遺跡の所在地の「津之郷」という地名は、『和名類聚抄《わみょうるいじゅしょう》』に記された郷名である「津宇郷」の遺名と考えられており、このあたりにも国府に関係する施設が置かれていた可能性がある。

こうした福山湾岸に位置する拠点のなかには、中世にも引きつづいてその機能を保ったものもあれば、古代から中世への社会の変化によって存続できなかったものもあったと考えられる。

2 草戸千軒の古地名

記録に残る古地名

草戸千軒の町の様子は、それが存在した鎌倉時代から室町時代にかけての文字資料に記されていないことは、前述のとおりである。しかし、集落近辺の古地名と考えられるものがいくつか残されており、そこから間接的にではあるが集落の存在を知ることができる。

現在までに確認できているもっとも古い段階の記載は鎌倉時代末期のもので、厳島《いつくしま》神社蔵の『反故裏経紙背文書《ほごうらきょうしはいもんじょ》』に残された「くさいつ」という記載である。この資料は、一三三〇年(元徳二)夏、尾道《おのみち》の対岸にある向島《むかいしま》(中世には歌島《うたしま》とよばれた)にあった尼寺・西金寺《さいこんじ》で写経され、厳島神社に奉納された経巻で、その紙背に残された書簡のなかに「くさいつ」という記載がある。前後の部分が十分に解読できておらず、どのような文脈で登場するのかは明らかでないが、以下にあげるいくつかの資料に照らし合わせると、この「くさいつ」はのちの「草戸」につながる地名である可能性が高い。

南北朝時代になると「草津」という地名が確認できるようになる。

まず、神奈川県藤沢市の清浄光寺《しょうじょうこうじ》蔵の『時衆過去帳《じしゅうかこちょう》』には、一三四三年（康永二）六月二五日に「備後草津」において唯阿弥陀仏《ゆいあみだぶつ》という人物が往生したと記されている。さらに、江戸時代に長州毛利《もうり》藩の家臣の家に伝わる古文書を書き上げた『萩藩閥閲録《はぎはんばつえつろく》』には、中国探題として鞆《とも》に滞在した足利直冬《あしかがただふゆ》が、一三四九年（貞和五）、鞆から「草津」を経由して尾道に移動したことを記す文書が残されている（「内藤肥後徳益丸代審覚《ないとうひごとくますまるだいしんがく》　謹《つつしんで》　言上《ごんじょう》」）。現在、備後地域には「草津」という地名は残っていないが、足利直冬の移動経路などから考えると、これはのちの「草戸」に比定できると考えられる。

また、『太平記』巻二九「越後守自石見引返事《えちごのかみいわみよりひきかえすこと》」には、一三五一年（観応二）、上杉朝定《うえすぎともさだ》が山城国八幡《やわた》から瀬戸内海を経由して鞆に上陸し、「草井地《くさいぢ》」から高師泰《こうのもろやす》を追撃したことが記されている。この「草井地」も、経路から判断してのちの「草戸」近辺のことと考えられる。

さらに、奈良西大寺の末寺を記した一三九一年（明徳二）の『西大寺諸国末寺帳』には、備後国の項に「クサイツ　草出　常福寺」とある（図58）。第2章にも述べたとおり、常福寺は現在の明王院の前身となる寺院である。その所在地が「草出」であり、それが「クサイツ」とよばれていたことが、ここから明らかになる。

なお、一四八五年（文明一七）の「備後国尾道権現堂檀那引注文《びんごのくにおのみちごんげんどうだんなびきちゅうもん》」（『熊野那智《くまのなち》大社文書』）は、尾道権現堂（現在の千光寺《せんこうじ》）が備後各地から募った熊野那智大社の参詣者を記した文書であるが、ここに「草出津」の住人が記されている。この「草出津」も、「草出」のことを指していると考えられる。

室町時代の文書には、「草土」という地名が登場する。

周防《すおう》国（山口県）仁保荘《にほのしょう》を本拠とした三浦《みうら》（仁保）氏に伝わった『三浦家文書』には、一四七一年（文明三）、応仁・文明の乱で東軍に属して戦っていた山名是豊が坪生《つぼう》（福山市坪生町）に入り、「草土」にある西軍方の城を攻め、鞆へと陣を進めたことを示す書状が伝えられている（「山名是豊書状」）。

また、尾道西国寺《さいこくじ》に伝わる「西国寺《さいこくじ》不断《ふだん》経《きょう》修行《しゅぎょう》事《のこと》及《および》西国寺《さいこくじ》上銭帳《あげせんちょう》」は、西国寺におけるる修行にかかる経費の関連寺院等への割り当てを記録したものであるが、ここに「草土　東泉坊」という記載がある。

現在の地名である「草戸」という表記が確

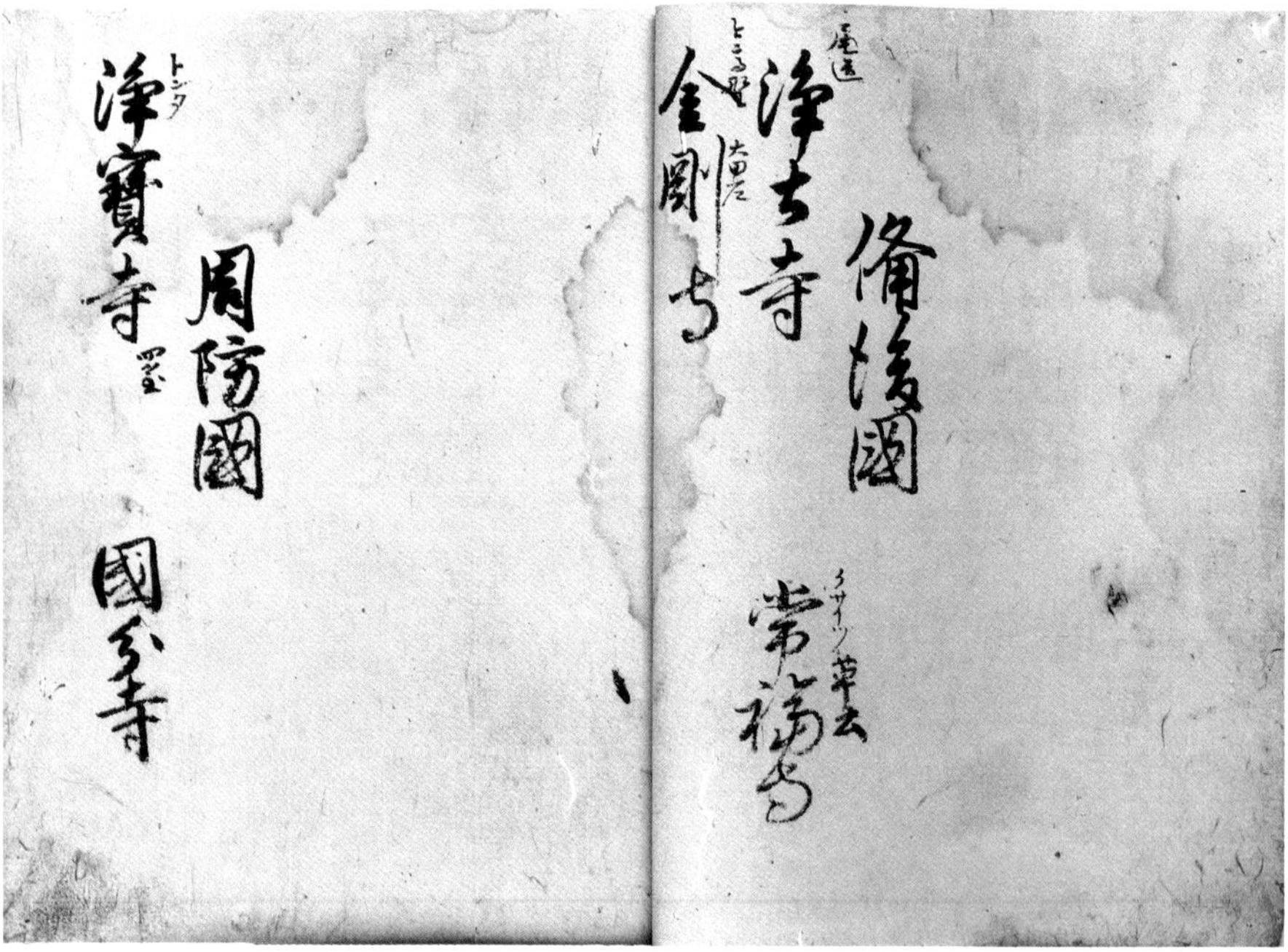

図 58 ●『西大寺諸国末寺帳』（西大寺蔵）
西大寺流律宗総本山・西大寺の末寺を記したもの。
集落近辺が「草出」とよばれていたことがわかる。

認できるのは、安土桃山時代のことである。

『譜録《ふろく》』は、やはり毛利藩で編纂された古文書集であるが、このなかの渡邊三郎左衛門直《ただし》の家に伝わる一五九一年（天正一九）の「小早川隆景《こばやかわたかかげ》書状」に、「草戸」という記載が確認できる。

やがて、この「草戸」が江戸時代の草戸村となり、現在の草戸町へとつながっている。

古地名にさぐる集落の性格

以上に紹介したような資料によって、のちに草戸千軒とよばれることになる集落は、成立当初「草津」とよばれていたと考えられるようになった。「草津」の読み方は、『反故裏経紙背文書』や『西大寺諸国末寺帳』などの記載からは、「くさいづ」と読まれていた可能性が高い。『太平記』に見られる「草井地」も、ここから派生したものであろう。

「草津」という地名からは、この集落が「津」すなわち港湾集落としての機能をもって成立したことが想定できる。前述したいくつかの「津」のつく地名と同様、「草津」も備後地域の内陸部と瀬戸内海とを結ぶ港湾の一つとして成立したと考えられるのである。

ところで、石井進は「草津」の「草」の字について、草競馬・草相撲といった例をあげながら、公式でない、粗末な、貧しいといった意味があることを示し、この集落が京都や畿内に直結する瀬戸内海の幹線航路からはずれた、地方的な小港湾・市場の町であったと指摘している。

たしかに、古代から存在が確認できる「深津」や「津之郷」などの拠点は、国衙との結びつきが想定でき、公的な港湾とみなされていた可能性がある。それらよりおくれて一三世紀中頃に成立した「草津」の場合は、国衙の港湾とは異なる役割をになって成立したことが考えられるだろう。

木簡に記された地名

第3章で述べたように、木簡の記載内容から草戸千軒の町が商品流通の拠点であったことがわかるが、さらに重要な点は、いくつかの地名が確認できる点にある。

記載された地名としては、図59にまとめたようなものがある。これらの比定地は、一四世紀には現在の福山市津之郷町など芦田川下流域の地名が多いが、一五世紀には現在の府中市や福山市駅家町など芦田川中流域にも広がっている。草戸千軒で取引された商品は、このような芦田川下流域から中流域にかけての地域からもたらされたことが想定でき、草戸千軒の後背地の広がりを知ることができる。

時　期	記　載	比定地	現在地
14世紀前半	さかへ	坂　部	福山市津之郷町
14世紀前半	くさいつ	草　出	福山市草戸町
14世紀前半	つの郷	津之郷	福山市津之郷町
14世紀前半	すえ	須　江	福山市神村町
14世紀前半	きのしやう	木之庄	福山市木之庄町
14世紀中頃	ゑら	江　良	福山市山手町・駅家町
15世紀後半	くさいち（つ）	草井地	福山市草戸町
15世紀後半	こい	小　井	福山市駅家町
15世紀後半	ひろ谷	広　谷	府中市広谷町
15世紀後半	う山	宇　山	福山市春日町

図59 ● 木簡に記された地名

3　中世福山湾沿岸の復元

芦田川河口に位置する経済拠点

以上に述べたような草戸千軒の立地、記録に記された古地名、出土木簡の記載内容などから、草戸千軒という町の性格が浮かびあがってくる。

芦田川の河口近くに位置するこの集落は、備後南部の河川交通・陸上交通を瀬戸内海の海上交通に結びつけるための港湾集落であり、福山湾岸から芦田川中・下流域にかけての地域経済拠点の役割をはたしていたと考えられるのである。そして、そこには周辺地域から多くの人や物が出入りし、鍛冶・塗師など手工業者の活動拠点にもなった。おそらく、瀬戸内海沿岸の主要河川の河口近くには同様の集落がいくつか存在し、草戸千軒はそうした港湾集落の一つの典型的な姿を示していると考えられるのである。

鞆との結びつき

草戸千軒の性格を理解するうえでもう一つ重要な点は、集落の南方一〇キロあまりに位置する港町・鞆との関係である（図60）。草戸千軒はたしかに地域経済に重要な役割をはたした町であったが、前述のとおりまったくといっていいほど文献にはその名が残されていない。これに対して、鞆は万葉集の時代からたびたび文学作品などにも登場し、瀬戸内海を代表する港として知られている。

たとえば、『兵庫北関入船納帳《ひょうごきたぜきいりふねのうちょう》』という記録は、一四四五年（文安二）のほぼ一年間に兵庫津（兵庫県神戸市）に入港した船から徴収した税を記した台帳で、瀬戸内海各地の港から、どのような荷を積んだ船がどれだけ入港したかを知ることのできるきわめて貴重な資料である。この資料には鞆をはじめ、笠岡（岡山県笠岡市）・田嶋《たしま》（広島県福山市）・尾道・瀬戸田（広島県尾道市）といった草戸千軒周辺の港町を拠点とする船が、兵庫津に寄港したことが記されている。しかし、草戸千軒に比定できる地名はまったく確認できず、草戸千軒を拠点とする船はこの年に兵庫津を訪れていなかったことがわかる。

このことは、兵庫津に代表される遠隔地の港湾と草戸千軒とが直接的に結びついていなかったことを示している。草戸千軒は、芦田川中下流域から福山湾岸にかけての地域とは密接な関係をもってはいたが、瀬戸内海の基幹航路によって結ばれた遠隔地とは直接結びついていなかった。そして両者を結びつける役割をはたしたのが、鞆あるいは尾道といった文献に名を残す港であったと考えら

図 60 ● 鞆
瀬戸内海のほぼ中央に位置する鞆は、潮の流れの変化を待つための「潮待ちの港」として栄え、古くから文学作品や記録に登場してきた。

れるのである。

中世の瀬戸内海の流通は、瀬戸田・尾道・鞆のような主要港をつなぐ基幹航路と、そこから枝分かれして地方の小規模な港湾を結ぶ航路とによって成り立っていた。基幹航路に位置する港町は、京都に住む武士や貴族が瀬戸内海を移動する際にも立ち寄ったため、多くの資料や文学作品などにも記されたが、草戸千軒のような地域に結びついた港は、そうした記録にはなかなか登場する機会がなかったのだろう。

草戸千軒の発掘調査の重要性は、記録にも残されず、その存在さえ知られなかったような地方の町の存在を示し、そこを拠点に活動したさまざまな人びとの活動の実態を明らかにするなかから、地域経済拠点としてはたした役割を浮き彫りにしたことにあるといえるのである。

福山湾沿岸の復元

福山城とその城下町が建設されるまで、芦田川河口の三角州はうっそうと葦の茂る原野であったという伝説がある。その原野を開発し、福山の町を建設した人物こそが、初代福山藩主の水野《みずの》勝成《かつなり》であるという一種の偉人伝へと結びついている。

しかし、草戸千軒町遺跡の発掘調査によって、水陸交通の結節点としてのこの地域の重要性が明確になった現在では、中世の福山湾岸に葦の茂る原野をイメージすることはできない。交通・経済の結節点としての地の利を求めて、さまざまな勢力が福山湾岸において交錯したことを想定しなければならない。

そうであるとすれば、地域の経済拠点は、必ずしも草戸千軒一カ所に限定される必要はなく、複数の拠点が形成されていたと考えることも可能である。

前述したように、『日本霊異記』からは、奈良時代の福山湾岸に「深津市」が存在したことが知られ、さらに、鎌倉時代末期に厳島神社に奉納された『反故裏経紙背文書』に残された書状からは、「深津市」に尼御前と呼ばれる金融業者の仮屋が存在し、そこで京都方面から送られた為替《かわせ》を現金化することが可能であったことがわかる。「深津市」は、現在の福山市蔵王《ざおう》町あたりに存在したと考えられているが、具体的な場所は確定できていない。ただ、以上のような資料における断片的な記載からでも、「深津市」が芦田川流域・福山湾岸の経済拠点として、古代から中世にかけて一貫して重要な役割をはたしていたことをうかがうことができる。

このような断片的な記録から福山湾岸の中世の状況を復元しただけでも、草戸千軒という町は、この地域における唯一無二の拠点であったとは考えにくくなってくる。福山湾岸には、こうした複数の拠点が面的な広がりをもって存在し、相互になんらかの関係を結んでいたことが予想される。

水野勝成がこの場所に福山の城下町を建設したのも、けっしてなにもない葦原を開発したのではなく、古代・中世以来の芦田川河口の交通・経済拠点としての重要性に注目し、それらの機能を城下町にとり込むことをめざしたと考えるべきだろう。

第5章　よみがえる「草戸千軒」

中世社会像の再構築

草戸千軒町遺跡の発掘調査をきっかけとして、全国各地で中世遺跡の調査が進められるにつれて、文字資料を中心に構築されてきた中世社会のイメージは大きく描きかえざるをえなくなってきた。そうした研究の最前線に立ったのが網野善彦《あみのよしひこ》・石井進らの中世史研究者である。

網野善彦は、権力者の側に残される場合の多かった文字資料から構築された中世史像が、農業中心の社会を描き出していることを「虚像」にすぎないと批判し、中世社会において非農業民、つまり林業・水産業・工業・輸送業といった多様な生業に関与する人びとのはたした役割を積極的に評価した。また、石井進も文字資料と考古資料の性格の違いを十分に把握し、そこから描き出される歴史像の違いを明らかにした研究者の一人である。

網野・石井らの主張を支えていたのは、草戸千軒町遺跡における実証的かつ内容豊かなデータの裏づけであった。そして、こうした研究の輪が広がることによって、現在では日本中世史の研究は文字資料を中心とする研究から脱却し、考古学・地理学・建築史学など隣接諸分野の成果を総合し、新たな歴史像を構築する段階へと歩みを進めている。

このような草戸千軒町遺跡の豊かな内容と長期にわたる調査研究の成果が評価され、二〇〇四年には、出土資料のうち二九三〇点が、国の重要文化財に指定されている。

市民とともに歩む

草戸千軒町遺跡の発掘調査を語るうえで忘れてはならないもう一つの側面が、地元市民との結びつきである。大規模調査が開始された当初の段階から、発掘調査の成果を常に市民と共有し、市民の学習意欲に応えるなかから文化財としての遺跡の重要性を訴え、調査成果の積極的な活用を意識してきたのである。

この遺跡は、中世の町の遺跡としてきわめて重要な遺跡であることはいうまでもない。しかしながら、河川管理上の理由から発掘調査後は掘削される運命にあった。そのため、貴重な遺跡の調査成果を活用するためには、調査・研究の進捗状況をリアルタイムで市民に提供し、発掘調査の成果を市民と共有しながら調査を進めていくことが不可欠だったのである。

図61 ● 草戸土曜講座

具体的にとり組んだことは、「草戸土曜講座」（図61）の開催と、ガリ版刷りの調査研究ニュース『草戸千軒町遺跡』（図62）の発行であった。

「土曜講座」は毎月第三土曜日に開催された市民向けの公開講座で、遺跡の発掘調査の進捗状況や、調査・研究の成果を報告するための講座としてスタートした。

「土曜講座」はその後「文化財講座」へと名称を変更し、内容も草戸千軒町遺跡だけでなく、歴史・文化財全般に関するものへと拡大した。そして、博物館建設工事の着工によって研究所の講堂が使えなくなるまでの一四年間、毎月欠かさず開催され、その回数は一六五回を重ねることになった。

調査研究ニュースは、その後『草戸千軒』と改題され、歴史・文化財全般を対象にしたオフセット印刷の刊行物へと発展した。こちらは継続的な発掘調査が終了する一九九一年までは毎月刊行、その後研究所のおもな事業が報告書作成へと移ってからは年四回の刊行となり、研究所が閉所するまでの間に二三三号が刊行されている。

広島県立歴史博物館の開館

研究所による継続的な調査が進展し、成果が蓄積されてくるなかで浮かび上がってきた課題は、

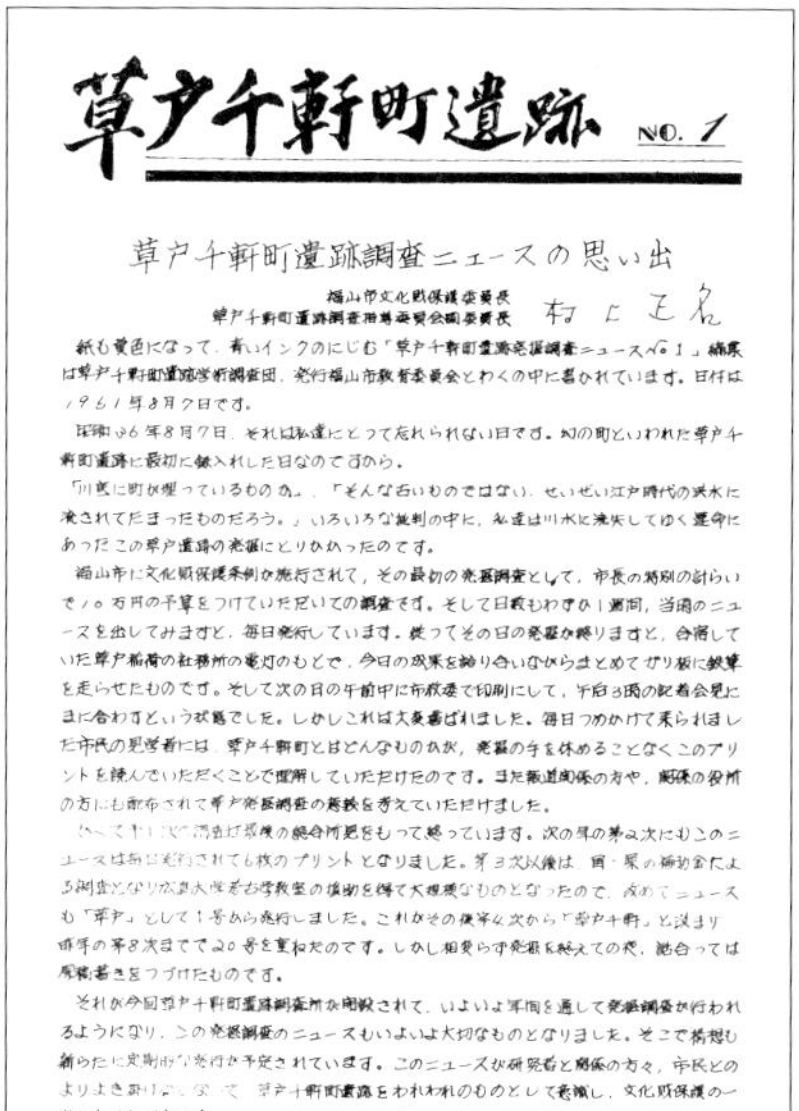

草戸千軒町遺跡　NO. 1

草戸千軒町遺跡調査ニュースの思い出

福山市文化財保護委員長
草戸千軒町遺跡調査指導委員会副委員長　村上正名

紙も黄色になって、青いインクのにじむ「草戸千軒町遺跡発掘調査ニュースNo.1」編集は草戸千軒町遺跡学術調査団、発行福山市教育委員会とわくの中に書かれています。日付は1961年8月7日です。

昭和36年8月7日、それは私達にとって忘れられない日です。幻の町といわれた草戸千軒町遺跡に最初に鍬入れした日なのですから。

「川底に町が埋っているものか。」「そんな古いものではない。せいぜい江戸時代の洪水に流されてたまったものだろう。」いろいろな批判の中に、私達は川水に流失してゆく運命にあったこの草戸遺跡の発掘にとりかかったのです。

福山市に文化財保護条例が施行されて、その最初の発掘調査として、市長の特別の計らいで10万円の予算をつけていただいての調査です。そして日数もわずか1週間、当時のニュースを出してみますと、毎日発行しています。従ってその日の発掘が終りますと、合宿していた草戸稲荷の社務所の電灯のもとで、今日の成果を話し合いながらまとめてガリ版に鉄筆を走らせたものです。そして次の日の午前中に市教委で印刷にして、午后3時の記者会見に間に合わすという状態でした。しかしこれは大変喜ばれました。毎日つめかけて来られました市民の見学者には、草戸千軒町とはどんなものかが、発掘の手を休めることなくこのプリントを読んでいただくことで理解していただけたのです。また報道関係の方や、関係の役所の方にも配布されて草戸発掘調査の意義を考えていただけました。

[illegible]調査は県候の総合所見をもって終っています。次の年の第2次にもこのニュースは毎日発行されて6枚のプリントとなりました。第3次以後は、国・県の補助金による調査となり広島大学考古学教室の協力を得て大規模なものとなったので、改めてニュースも「草戸」として1号から発行しました。これがその後第4次から「草戸千軒」と改まり昨年の第8次までで20号を重ねたのです。しかし相変らず発掘を終えての夜、話合っては原稿書きをつづけたものです。

それが今回草戸千軒町遺跡調査所が開設されて、いよいよ年間を通して発掘調査が行われるようになり、この発掘調査のニュースもいよいよ大切なものとなりました。そこで構想も新らたに定期的な発行が予定されています。このニュースが研究者と関係の方々、市民とのよりよき掛け橋となって、草戸千軒町遺跡をわれわれのものとして意識し、文化財保護の一助ともなれば幸です。

— 1 —

図62 ● 調査研究ニュース『草戸千軒町遺跡』
毎月開催された「土曜講座」に合わせて刊行された。

ふえつづける出土資料を適切な環境で保管し、次世代の研究資料や学習資源として継承していくとともに、調査・研究の成果を公開することであった。

こうした課題を解決するためには、調査・研究機能をもった本格的な展示施設の建設が不可欠である。さいわい、この要望は地元における県立博物館の誘致運動と結びつき、一九八九年、念願の展示施設がJR福山駅北側に広がる福山城公園の一角に、広島県立歴史博物館（愛称・ふくやま草戸千軒ミュージアム）として開館することになった（図63）。

博物館の中心テーマは、もちろん草戸千軒町遺跡の発掘調査成果である。メインの展示室には草戸千軒の町並の一角を実物大で再構成し、多岐にわたる発掘調査の成果が具体的に理解できるようにしている（図64）。

遺跡の出土資料は、数百年のあいだ地中に埋もれることにより劣化から守られてきた。しかし、発掘調査で掘り出されたことにより、急激に保存環境が変化することになった。大規模調査の終了から三〇年以上が経過した現在、出土資料の劣化をくい止め、未来の地域住民にそれらを良好な状態で引き継いでいくことが、二一世紀にこの遺跡の研究に携わっている私たちに課せられた重要な使命となっている。

図63 ● 広島県立歴史博物館

地域社会の解明をめざして

三〇年以上にわたる発掘調査とその後の研究により、わたしたちは草戸千軒という町についてさまざまな知見を得ることができた。その成果を、遺跡という切りとられた空間におけるピンポイントの成果にとどまらせることなく、周囲に広がる地域社会のなかに位置づけることによって、福山地域の歴史像をより豊かなものにしていく必要がある。

福山の城下町が成立するより前の段階に、芦田川河口の三角州に「草津」とよばれる町が存在し、地域経済の拠点として重要な役割をはたしていたことはわかった。では、その当時の周辺はどのような状況であったのか。近年、そうした手がかりが少しずつではあるが明らかになってきている。

その一つが、JR福山駅の北、約一キロにある真言宗の寺院・胎蔵寺（福山市北吉津町）に伝わる本尊・木造釈迦如来坐像の胎内施入品である。二〇〇一年、県指定重要文化財であるこの仏像を解体修理したところ、仏像内部から金銀銅製五輪塔・経典類など多数の施入品がみつかった。経典の奥書などから、この仏像が常興寺（現在の福山城本丸一帯にあったと伝えられている）の本尊として、一三四七年（貞和三）に杉原親光の発願によって造られたこと、常興寺のあった場所が石清水八幡宮領・椙原保《すぎはらほ》に含まれていたことなど

図64 ● 実物大に復元された草戸千軒の町並

が明らかになった。

つまり、芦田川河口をはさんで「草津」の対岸一帯には椙原保が広がり、そこを拠点に杉原氏という武士が活動していたことになる。現代も残る「吉津」という地名は、そこに港湾集落が存在したことを示している。「草津」という集落は、けっして唯一無二の存在だったわけでなく、福山湾岸に複数の港湾が立地し、それらが相互に競合あるいは補完するという地域社会の姿を描くことが可能になってきたのである。

遺跡の現状

当初の予定では、草戸千軒町遺跡の存在する中州を発掘調査終了後に全面掘削することになっていたが、その後、河川管理をめぐる状況が変化したことなどもあり、現在では一部分が残されている（図65）。

中州の一部分は残されたものの、遺跡はすでに発掘調査されており、堤防の下などの未調査部分を除いて現地に遺構が存在するわけではない。ただ、中州の上にかかる法音寺橋からは、残された中州や、草戸千軒と深く結びついたかつての常福寺、現在の明王院を見わたすことができ、遺跡の存在した環境をしのぶことができる。

図65 ● 遺跡の現状
中州の大部分はすでに掘削されているが、遺跡の立地を理解することはできる。

主な参考文献

濱本鶴賓　一九三六・一九三七「明王院と草戸中洲の変遷（一〜九）」（『備後史談第一二巻第六号〜第一三巻第二号』備後郷土史会）

松下正司編　一九八四『日本の美術二一五　草戸千軒町遺跡』至文堂

田口義之　一九八四「渡辺先祖覚書」（『山城志』第七集、備陽史探訪の会）

田口義之　一九八五「一乗山城主渡辺氏―その備後土着と山田入部について―」（『文化財ふくやま』二〇、福山市文化財協会）

石井　進　一九八六「木簡から見た中世都市『草戸千軒』」（『国史学』一三〇、国史学会）

松下正司編　一九九四『埋もれた港町　草戸千軒・鞆・尾道』平凡社

広島県草戸千軒町遺跡調査研究所編　一九九三・一九九四・一九九五・一九九六『草戸千軒町遺跡発掘調査報告Ⅰ〜Ⅴ』広島県教育委員会

岩本正二　二〇〇〇『草戸千軒』吉備人出版

小林定市　二〇〇一「渡邊氏の先祖覚書と長和庄支配構造」（『福山城博物館友の会だより』三一、福山城博物館友の会）

鈴木康之　二〇〇六『中世集落における消費活動の研究』真陽社

福山市史編さん委員会編　二〇一七『福山市史　原始から現代まで』福山市

〈ふくやま草戸千軒ミュージアム（広島県立歴史博物館）〉

広島県福山市西町2―4―1

電話　084（931）2513

開館時間　9：00〜17：00（入館は16：30まで）

休館日　月曜日（祝休日の場合は開館、翌平日に休館）、年末年始ほか

入館料　一般：290円、大学生：210円、高校生まで無料（企画展・特別展は別料金）

交通　JR福山駅下車、福山城口（北口）から西へ400メートル、徒歩5分

遺跡には感動がある

――シリーズ「遺跡を学ぶ」刊行にあたって――

「遺跡には感動がある」。これが本企画のキーワードです。

あらためていうまでもなく、専門の研究者にとっては遺跡の発掘こそ考古学の基礎をなす基本的な手段です。また、はじめて考古学を学ぶ若い学生や一般の人びとにとって「遺跡は教室」です。

日本考古学では、もうかなり長期間にわたって、発掘・発見ブームが続いています。そして、毎年厖大な数の発掘調査報告書が、主として開発のための事前発掘を担当する埋蔵文化財行政機関や地方自治体などによって刊行されています。そこには専門研究者でさえ完全には把握できないほどの情報や記録が満ちあふれています。しかし、その遺跡の発掘によってどんな学問的成果が得られたのか、その遺跡やそこから出た文化財が古い時代の歴史を知るためにいかなる意義をもつのかなどといった点を、莫大な記述・記録の中から読みとることははなはだ困難です。ましてや、考古学に関心をもつ一般の社会人にとっては、刊行部数が少なく、数があっても高価なその報告書を手にすることすら、ほとんど困難といってよい状況です。

いま日本考古学は過多ともいえる資料と情報量の中で、考古学とはどんな学問か、また遺跡の発掘から何を求め、何を明らかにすべきかといった「哲学」と「指針」が必要な時期にいたっていると認識します。

本企画は「遺跡には感動がある」をキーワードとして、発掘の原点から考古学の本質を問い続ける試みとして、日本考古学が存続する限り、永く継続すべき企画と決意しています。いまや、考古学にすべての人びとの感動を引きつけることが、日本考古学の存立基盤を固めるために、欠かせない努力目標の一つです。必ずや研究者のみならず、多くの市民の共感をいただけるものと信じて疑いません。

二〇〇四年一月

戸沢充則

著者紹介

鈴木康之（すずき・やすゆき）

1959年、愛知県生まれ。

広島大学大学院文学研究科博士課程後期単位取得退学、博士（文学）。

広島県立歴史博物館主任学芸員を経て現在、県立広島大学教授。

主な著作　「日本中世における桶・樽の展開」（『考古学研究』192、考古学研究会）、「中世土器の象徴性」（『日本考古学』14、日本考古学協会）、「草戸千軒をめぐる流通と交流」（『中世瀬戸内の流通と交流』塙書房）、「滑石製石鍋の流通と消費」（『鎌倉時代の考古学』高志書院）、『中世集落における消費活動の研究』真陽社、「通過点としての草戸千軒」（『中世の宿と町』高志書院）ほか

写真提供（所蔵）
広島県立歴史博物館：図1（撮影：井手三千男）・3（所蔵：財団法人義倉）・4〜7・9〜25・27〜56・58（所蔵：西大寺）・61・62
上記以外は著者

図版出典（一部改変）
図8：国土地理院5万分の1地形図「井原」「福山」
図57：国土地理院20万分の1地勢図「岡山及丸亀」
上記以外は著者

シリーズ「遺跡を学ぶ」040

〈改訂版〉中世瀬戸内の港町　草戸《くさど》千軒町《せんげんちょう》遺跡

2007年 10月15日　第1版第1刷発行
2023年　3月　1日　改訂版第1刷発行

著　者＝鈴木康之

発　行＝新 泉 社

東京都文京区湯島1−2−5　聖堂前ビル
TEL 03（5296）9620 ／ FAX 03（5296）9621
印刷／三秀舎　製本／榎本製本

ISBN978−4−7877−2245−4　C1021

新泉社

シリーズ「遺跡を学ぶ」

002 天下布武の城　安土城　木戸雅寿　1500円+税
038 世界航路へ誘う港市　長崎・平戸　川口洋平　1500円+税
039 武田軍団を支えた甲州金　湯之奥金山　谷口一夫　1500円+税
043 天下統一の城　大坂城〈改訂版〉　中村博司　1700円+税
061 中世日本最大の貿易都市　博多遺跡群　大庭康時　1500円+税
072 鎌倉幕府草創の地　伊豆韮山の中世遺跡群〈改訂版〉　池谷初恵　1700円+税
090 銀鉱山王国　石見銀山　遠藤浩巳　1500円+税
122 石鍋が語る中世　ホゲット石鍋製作遺跡　松尾秀昭　1600円+税
132 戦国・江戸時代を支えた石　小田原の石切と生産遺跡　佐々木健策　1600円+税
145 琉球王国の象徴　首里城　當眞嗣一　1600円+税
149 博多周縁の中世山林寺院　首羅山遺跡　江上智恵　1600円+税
150 元軍船の発見　鷹島海底遺跡　中田敦之・池田榮史　1600円+税
152 中世武家庭園と戦国の領域支配　江馬氏城館跡　三好清超　1600円+税

中世考古〈やきもの〉ガイドブック　浅野晴樹　2500円+税